Fabian Lenk

Die Zeitdetektive

Unter Grabräubern und Giftmischern

Fabian Lenk wurde 1963 in Salzgitter geboren.
Schreiben ist sein Beruf: Als Journalist arbeitete er schon für verschiedene Zeitungen und als Autor verfasst er spannende Kriminalgeschichten für Kinder, Jugendliche und Erwachsene.
Die Abenteuer der *Zeitdetektive* erscheinen seit 2005 bei Ravensburger.
Fabian Lenk ist verheiratet und lebt mit seiner Frau und seinem Sohn in der Nähe von Bremen.

Fabian Lenk

Die Zeitdetektive

Unter Grabräubern und Giftmischern

Mit Illustrationen
von Almud Kunert

Ravensburger Buchverlag

Limitierte Sonderausgabe
als Ravensburger Taschenbuch
Band 54352
erschienen 2010

Die Originalausgaben erschienen 2005
unter den Titeln „Das Grab des Dschingis Khan"
und „Das Teufelskraut" im Ravensburger Buchverlag

Umschlaggestaltung: Dirk Lieb
unter Verwendung einer Illustration
von Almud Kunert
Innenillustrationen: Almud Kunert

Printed in Germany

ISBN 978-3-473-54352-6

www.ravensburger.de

Inhalt

Kim, Julian, Leon und Kija – die Zeitdetektive

Die schlagfertige Kim, der kluge Julian, der sportliche Leon und die rätselhafte, ägyptische Katze Kija sind vier Freunde, die ein Geheimnis haben …

Sie besitzen den Schlüssel zu der alten Bibliothek im Benediktinerkloster St. Bartholomäus. In dieser Bücherei verborgen liegt der unheimliche Zeit-Raum „Tempus", von dem aus man in die Vergangenheit reisen kann. Tempus pulsiert im Rhythmus der Zeit. Er hat Tausende von Türen, hinter denen sich jeweils ein Jahr der Weltgeschichte verbirgt. Durch diese Türen gelangen die Freunde zum Beispiel ins alte Rom oder nach Ägypten zur Zeit der Pharaonen.

Immer wenn die Freunde sich für eine spannende Epoche interessieren oder einen mysteriösen Kriminalfall in der Vergangenheit wittern, reisen sie mithilfe von Tempus dorthin.

Tempus bringt die Gefährten auch wieder in die Gegenwart. Die Freunde müssen nur an den Ort zurückkehren, an dem sie in der Vergangenheit gelandet sind. Von dort können sie dann in ihre Zeit zurückreisen.

Auch wenn die Zeitreisen der Freunde mehrere Tage dauern, ist in der Gegenwart keine Sekunde vergangen – und niemand bemerkt die geheimnisvolle Reise der Zeitdetektive …

Das Grab des Dschingis Khan

Inhalt

Die Geheime Geschichte

Es waren Tausende. Versteckt hinter Bäumen, unsichtbar für den Feind. Die Bögen gespannt, die Krummsäbel gezückt. Sie waren bereit für die Schlacht, bereit zu kämpfen, bereit zu sterben – für den Traum von einem Weltreich, der sie hinter einem Mann vereinte, den sie den ozeangleichen Herrscher nannten.

Dschingis Khan saß auf seinem Wallach, verborgen von einem hohen dichten Busch. Sein Gesicht war wie eine starre Maske. Die Augen hatte er auf den schlammigen Weg gerichtet, der zwischen zwei Felsen durch den Wald führte. Ein Engpass, eine Falle. Augenblicklich musste der Feind heranstürmen, der eine Hundertschaft von Dschingis Khans Männern verfolgte, deren Aufgabe es gewesen war, den zahlenmäßig weit überlegenen Feind in den Hinterhalt zu locken.

Leises Pferdegetrappel, erst nur für geübte Ohren zu hören, dann immer lauter. Sie kamen! Der Wallach des Khans begann, unruhig auf der Stelle zu tänzeln. Schreie wurden laut. Die ersten Reiter hetzten, tief gebeugt über ihre Pferde, durch den Engpass: Es waren die Reiter des Khans, die jetzt im Schutz des Waldes verschwanden.

Das war der Moment, in dem der Khan seinem Pferd ein knappes Kommando gab. Mit einem Satz war der Wallach auf dem schmalen Weg. Der Khan blickte dem Feind entgegen, der auf ihn zustob. Dann hob er die Faust in den Himmel, wo sein höchster Gott, der *Köke Tngri*, wohnte. Auf dem Gesicht des Khans lag ein merkwürdiger Fieberglanz. Ungezügelte Wut und kalte Entschlossenheit waren in seinen blaugrauen Augen zu erkennen. Und da war noch etwas: Besessenheit. Ein Feuer brannte in diesen Augen, das alles vernichten würde, das sich dem Khan in den Weg zu stellen wagte. Ein markerschütternder Schrei kam aus der Kehle des Khans. Auf dieses Kommando hin schien es, als bekäme der Wald Beine. Von allen Seiten stürzten sich die Soldaten des Khans auf den überraschten Feind. Das schrille Lachen des Herrschers übertönte den Lärm der Schlacht.

„Diese Welt gehört mir!“, brüllte Dschingis Khan. „Denn ich bin die Welt!“

14 Kim fuhr in ihrem Bett hoch. Sie blickte in Kijas weit aufgerissene Augen. Die Katze fauchte leise. Kims schnelle Bewegung hatte sie aufgeschreckt.

„Was ist, warum …“ Atemlos schaute Kim auf die Uhr. Gleich war es zwei Uhr morgens. Das Mädchen schloss die Augen und ließ sich in die Kissen zurücksinken. Nur ein Traum …

Bis kurz vor Mitternacht hatte Kim gestern noch in der Zeitschrift „National Geographic“ einen Bericht über Dschingis Khan gelesen. Kim begann, die Katze hinter den Ohren zu kraulen. Kija kuschelte sich wieder schnurrend neben das Mädchen.

Die Reportage hatte sich mit der raffinierten Kriegstaktik des gefürchteten Mongolenherrschers befasst, aber auch damit, dass bis heute noch niemand das Grab des Khans gefunden hat. Über 100 Expeditionen hat es bisher gegeben, aber niemandem ist es gelungen, das Geheimnis um das Grab mit seinem sagenumwobenen Schatz zu lüften.

Seltsam, dachte Kim, sehr seltsam. Ihre Neugier war geweckt. Der Bericht hatte sie bis in den Schlaf verfolgt. Komisch nur, dass auch Kija so unruhig war. Aber Kim hatte es sich längst abgewöhnt, das mitunter rätselhafte Verhalten des klugen Tieres zu deuten.

Wie Leon und Julian wohl über den Fall denken würden?, überlegte Kim und lächelte vor sich hin. Garantiert würde die Sache die beiden genauso faszinieren
wie sie selbst. Noch heute würde sie ihren Freunden von der Reportage berichten. Sie gähnte. Hatte in der

Reportage nicht ein Hinweis auf die „Geheime Geschichte“ gestanden, einen zeitgenössischen Bericht über das Leben des Khans? Darin könnte es Anhaltspunkte geben, wo das Grab liegt, hoffte Kim. Vielleicht gab es ja in der alten Bibliothek den kompletten Text der „Geheimen Geschichte“ …

„Die ‚Geheime Geschichte‘? Klingt ziemlich gut“, sagte Leon. Mit Julian, Kim und Kija lief er nach der Schule durch die Gassen der Altstadt von Siebenthann. Der Weg zum Bartholomäus-Kloster führte leicht bergauf. Dort war die alte Bibliothek untergebracht.

„Aber wenn die Geschichte so geheim ist, wird sie vermutlich nicht öffentlich zugänglich sein“, gab Leon zu bedenken.

„Abwarten“, rief Kim Leon zu und beschleunigte ihre Schritte. Die Katze sprang in großen Sätzen neben ihr her. Ihr graziler Körper verriet eine nervöse Anspannung.

„Richtig“, stimmte Julian Kim zu. „Es kommt auf einen Versuch an.“ Die Vorstellung, das Grab des Dschingis Khan zu finden, versetzte den Jungen in regelrechtes Jagdfieber.

Kurz darauf kramte er den Schlüssel zur Bibliothek aus der Hosentasche und sperrte auf. Die öffentliche Bücherei hatte in der Mittagszeit geschlossen. So waren die Freunde ungestört. Sie liefen durch den ersten Lesesaal, an dessen Wänden Regale mit hunderten von Bildbänden zum Thema Geografie standen. Rasch durchquerten sie den Raum und gelangten in den düsteren Saal mit den Geschichtswälzern.

Unschlüssig sah sich Leon um. „Weißt du, wie der Autor der ‚Geheimen Geschichte' heißt, Kim?"

Das Mädchen hob die Schultern. „Leider nicht."

„Das ist vermutlich auch geheim", sagte Leon und grinste.

„Sehr witzig!"

„Bleibt mal ernst", rief Julian, konnte sein Kichern aber auch nur mühsam unterdrücken. Er ging auf das „Asien-Regal" zu. Sein Finger fuhr über die Buchrücken. „Vielleicht finden wir etwas unter dem Stichwort ‚Mongolei' oder ‚Dschingis Khan'", murmelte er.

„Aber die Bücher sind doch nach Autoren geordnet", wandte Leon ein.

„Nicht nur", widersprach Julian. „Es gibt auch Sachgebiete. Hier ist es ja!" Julian deutete auf ein unscheinbares, weißes Schild mit der Aufschrift „China/ Mongolei".

„Okay: Eins zu null für dich", gab Leon zu und ging mit Kim zu seinem Freund. Sie zogen ein Buch nach dem anderen aus dem Regal.

„Ich hab's!", rief Kim plötzlich. In ihren Händen

lag ein dunkelgrüner Band. „Gestatten: ‚Die Geheime Geschichte‘!“

„Lass sehen!“

„Gern“, sagte Kim, legte das Buch auf ein Lesepult und schlug die erste Seite auf. Julian und Leon sahen ihr über die Schulter und vertieften sich in die Zeilen.

„Das ist eine Chronik der Mongolen“, erkannte Kim. Sie deutete auf eine Stelle mitten auf der Seite. „Nur für die Herrschenden bestimmt?“

„Ja, ja“, sagte Julian. „Aber wahrscheinlich konnten sowieso nur die Herrschenden lesen.“

„Mag sein“, erwiderte Kim geistesabwesend. „Vielleicht finden wir weiter hinten einen Hinweis darauf, wo Dschingis Khan begraben wurde.“

„Das glaube ich nicht“, mischte sich jetzt Leon ein. „Sonst hätten Archäologen das Grab doch längst gefunden!“

Kim knabberte auf ihrer Unterlippe herum. Damit hatte Leon leider Recht. Momentan hatten sie aber nur die Chronik als Anhaltspunkt. Also begann Kim zu blättern. Schließlich fand sie das Kapitel, das sich mit Dschingis Khans Tod befasste. Demnach war der Mann, der ehrfurchtsvoll „ozeangleicher Herrscher“

genannt wurde, am 18. August 1227 während des Feldzugs gegen den aufständischen Stamm der Tanguten im *Ordos-Gebiet* gestorben. Plötzlich stutzte Kim.

„Hier steht, dass der Khan an den Folgen eines Sturzes vom Pferd starb – und zwar ein Jahr nach dem Sturz!“

„Ein Jahr danach?“

„Ja, lies selbst!“

„Das kann doch gar nicht sein“, sagte Leon.

Auch Julian schüttelte den Kopf. „Da sollte garantiert etwas vertuscht werden! Würde mich interessieren, woran der Khan wirklich gestorben ist!“

„Mich auch“, sagte Leon.

Kim stützte die Hände in die Seiten. „Also haben wir jetzt zwei Fragen zu klären. Erstens: Wo liegt das Grab des Khans? Und zweitens: Was war die genaue Todesursache? Was würdet ihr davon halten …?“

„Super!“, rief Leon und ballte unternehmungslustig die Fäuste.

„Klar!“, sagte auch Julian. „Wir reisen in das Jahr, in dem der Khan starb. Auf in die Mongolei, in das Gebiet der Tanguten!“

Und Kija? Die war schon unterwegs zu Tempus, dem Zeit-Raum. Mit vereinten Kräften schoben Leon, Kim und Julian das Regal beiseite, hinter dem der Zeit-Raum verborgen war. Dann öffneten sie das große Tor, das mit magischen Symbolen verziert war. Während die drei Freunde noch einen Moment zögerten, war Kija bereits in den unheimlichen Raum geschlüpft, in dem diffuses bläuliches Licht herrschte. Es gab Tausende von Türen, über denen Jahreszahlen angeschrieben waren. Julian, Leon und Kim vertrauten dem unerklärlich guten Spürsinn der Katze. Das Tier lief zielstrebig über den pulsierenden Boden zu einer geschlossenen Tür, über der die Zahl 1227 prangte. Die Freunde sahen sich an. Plötzlich flog die Tür auf. Auf der Schwelle waren getrocknete Blutflecken zu sehen. Aus der grenzenlosen Dunkelheit drang ein grässlicher Schrei. Kim lief ein eiskalter Schauer über den Rücken: Diesen Schrei hatte sie vergangene Nacht in ihrem Traum gehört! Sie versuchte, die Angst aus ihrem Herzen zu verbannen und konzentrierte sich wie ihre Freunde ganz intensiv auf das Ordos-Gebiet: jene Gegend, in der Dschingis Khan im Jahr 1227 gestorben war. Nur so konnte Tempus sie an den richtigen Ort bringen. Dann wurde sie von einer Macht über die Türschwelle in das schwarze Nichts gezogen. Wieder hörte Kim einen Schrei. Doch diesmal war sie es selbst, die schrie. Plötzlich war es totenstill.

Versklavt

„Wo … wo sind wir?“, wollte Leon wissen, während er sich den Staub von den Klamotten klopfte.

„Gute Frage“, antwortete Julian. Seine Augen gewöhnten sich langsam an das Halbdunkel, das sie umgab. „Da drüben wird’s heller. Kommt!“

Die Freunde liefen eine Art Gang entlang, von dem viele dunkle Wege abzweigten. Allmählich wurde der Gang breiter und mündete in eine geräumige Höhle.

„He, ihr habt ja ziemlich scharfe Mützen auf“, lästerte Kim.

„Du aber auch“, erwiderte Leon und nahm seine Mütze ab. Sie bestand aus Leder und Fell. Wie seine Freunde trug Leon Stiefel, die bis fast zu den Knien reichten, grobe Hosen und ein fein gewebtes, festes Hemd, das über dem Bauch gegürtet war.

Die Freunde traten aus dem Schatten der Höhle ins Tageslicht. Ein kühler Wind empfing sie. Die Sonne stand blass am Himmel und beschien eine karstige Berglandschaft. Ein Stück entfernt liefen die Berge in sanfte Hügel aus, die von einem gewaltigen Meer aus Gras bedeckte wurden.

„Die mongolische Steppe“, murmelte Julian.

„Bist du dir da so sicher?“, fragte Leon. „Wir wollten zum Heer des Dschingis Khan, aber hier gibt es nichts außer Gras und Berge.“

Julian starrte auf seine neuen, ungewöhnlichen Stiefel. „Die Höhle müssen wir uns unbedingt merken. Ihr wisst schon ... nur von hier können wir den Rückweg in unsere Zeit antreten.“

„Gar nicht so leicht“, sagte Leon. „Hier gibt es jede Menge Höhlen ...“

„Aber unsere Höhle hat einen ungewöhnlichen Eingang“, erkannte Kim. „Seht nur: Er ist oval geformt wie ein geöffneter Mund. Und die Dinger am oberen Rand sehen aus wie zwei Zähne.“

„Deine Fantasie möchte ich haben“, lachte Leon. „Diese Zähne sind Wurzeln von dem Baum, der sich über dem Höhleneingang festkrallt!“

„Ist doch egal. Hauptsache, ich kann mir die Stelle merken. Möchte trotzdem wissen, wo wir hier sind. Vom Heer ist jedenfalls nichts zu sehen“, entgegnete Kim und nahm die Katze hoch. „Was meinst du, Kija?

Hat sich Tempus diesmal geirrt?“

Kija räkelte sich in Kims Armen und miaute.

„Tja, wenigstens dir scheint es hier zu gefallen“,

grinste Kim. Das Mädchen beschattete die Augen mit der Hand und suchte den Horizont ab. „He, seht mal da drüben“, rief sie plötzlich, „da sind ein paar Reiter!“

Kim hatte Recht. Im Osten tauchte eine Karawane auf, die sich auf die Berge zubewegte.

„Wir laufen ihnen entgegen. Die Leute werden bestimmt wissen, wo das Heer des Khans ist!“, schlug Kim vor.

„Gute Idee“, stimmten die beiden Jungen zu. Nur Kija hatte offenbar etwas dagegen. Sie sprang von Kims Arm und floh in das Höhleninnere zurück.

„Bleib hier, Kija! Wovor hast du denn nur solche Angst?“, rief Kim dem Tier hinterher. Die Katze wandte sich um und miaute aufmunternd.

„Nein, wir folgen dir nicht“, antwortete Kim. „Du wirst uns folgen. Kommt, Jungs!“ Damit setzten sich die Freunde in Bewegung. Kija miaute kläglich, schloss sich dann aber den Kindern an.

Kurz darauf trafen sie auf die Karawane. Vorn ritt ein prächtig gekleideter Mann auf einem gedrungenen Wallach – offenbar der Anführer. Hinter seinem Pferd liefen etwa zwanzig in Lumpen gekleidete Männer und Frauen, dahinter folgten mit Waren bepackte Kamele. Der Zug wurde von einem Trupp schwer bewaffneter Reiter begleitet. Der Anführer hob die Hand und stoppte die Karawane. Schweigend blickte er auf die

Kinder und die Katze herab, deren Schwanz heftig von links nach rechts peitschte. Die Freunde wussten, dass Kija extrem gereizt war. Sie konnten sich aber nicht erklären, warum. Noch nicht.

Der Anführer hatte leicht schräg stehende Augen, deutlich hervorstehende Wangenknochen und eine platte Nase. Sein Mund war hart, die Lippen wirkten wie aus Leder.

Unsicher deutete Julian eine Verbeugung an. „Wir suchen das Heer von Dschingis Khan. Wir wollen uns ihm anschließen. Vielleicht könnt ihr uns helfen und uns den Weg zeigen."

In das Gesicht des Anführers kam eine Spur Leben. „Drei langnasige Kinder und eine Katze allein in unserer schönen Steppe. Wie kommt ihr hierher?"

Sofort blickten Leon und Kim zu Julian. Solche Erklärungen konnte er am besten abgeben. Julian nickte den Freunden zu. Er hatte verstanden.

„Das ist eine traurige Geschichte", antwortete er. „Wir hüteten Schafe in der Nähe unseres Lagers, als wir angegriffen wurden. Dabei …"

„Wer hat euch angegriffen?"

Julian hob die Schultern. „Vermutlich waren es Reiter vom Stamm der Tanguten. Es gab einen Kampf und unsere Eltern wurden entführt." Er wischte sich über die Augen und tat so, als müsse er weinen.

Kim sah zum Himmel, weil sie Angst hatte, gleich laut lachen zu müssen. Das musste man Julian lassen: Er war ein guter Schauspieler und erfand immer die besten Ausreden.

„Hör auf mit dem Geflenne!“, raunzte der Anführer Julian an.

„Schon gut“, schniefte Julian. „Jedenfalls wurden wir von unseren Eltern getrennt und irren nun durch die Steppe. Wir wollen zum Khan. Sein Heer wird die Tanguten finden und unsere Eltern befreien.“

Der Anführer spuckte aus. „Da wird sich der mächtige Khan aber freuen, wenn er von euch Verstärkung bekommt, bei der großen *Etügen Eke*!“ Er lachte schallend. Seine Reiter stimmten in das Gegröle mit ein. Nur die ärmlichen Gestalten schwiegen mit hängenden Köpfen.

„Gut, ich will euch helfen“, sagte der Anführer, nachdem er sich beruhigt hatte. „Schließlich ist heute ein schöner Tag. Außerdem habe ich, der ehrenwerte Geschäftsmann Mangu, ein großes Herz, nicht wahr?“ Er wandte sich an seine Reiter, die eifrig nickten.

Mangus großspurige Art nervte Kim. „Wir haben dich nur nach dem Weg gefragt, mehr nicht. Also, wo finden wir nun das Heer des Khans?“

Jede Heiterkeit verschwand aus Mangus Gesicht. „Wer bist du, dass du es wagst, so mit mir zu reden?“, schrie er das Mädchen an und gab einem seiner Männer ein Zeichen. Der sprang vom Pferd und stürzte sich auf Kim. Geschickt wich Kim dem Angreifer aus und stellte ihm ein Bein. Der verdutzte Mongole krachte hart zu Boden, rappelte sich aber blitzschnell wieder auf. Sofort waren Leon und Julian neben ihrer Freundin, um sie zu verteidigen. Wütend stürmte der Soldat erneut auf die Kinder zu. In diesem Moment sprang Kija ihn an und biss in seinen Arm. Der Soldat schrie auf. Blut spritzte aus der Wunde über seinen Lederharnisch. Plötzlich zischten Lassos durch die Luft, und ehe sich die Freunde versahen, lagen sie gefesselt im Gras der Steppe. Kija rannte hilflos zwischen ihnen hin und her. Vergeblich versuchte der Soldat, den sie gerade gebissen hatte, sie zu fangen und in einen Sack zu stopfen.

„Halt, Ruhe jetzt, und lass die Katze in Frieden“, befahl Mangu. Gemächlich stieg er von seinem Wallach und beugte sich über die Gefesselten.

„Ihr habt wirklich gleich zweimal Glück. Erstens, weil ich euch nicht töten lasse. Und zweitens, weil ich euch zum Khan bringen werde. Sein Heer ist hier gleich in der Nähe.“

Die drei Kinder starrten Mangu feindselig an und schwiegen.

„Ich werde euch nämlich dem Khan verkaufen. Der

braucht immer fleißige Diener." Prüfend kniff er in Leons Oberarm. „Und zumindest du bist ein kräftiger Kerl."

„Mieser Sklavenhändler!", zischte Kim.

„Sei still!", flehte Julian.

Mangu grinste. „Lass sie ruhig. Und wo wir schon mal bei dir sind, Mädchen: Du bist ziemlich hübsch und Temperament hast du auch. Das mag ich." Mangu massierte sein Kinn. Dann begann er, mit Kims Haaren zu spielen. Ein Lächeln huschte über sein dunkles Gesicht mit der spröden Haut. „Mmh, vielleicht mache ich dich zu einer meiner Nebenfrauen."

„Wie bitte?", entfuhr es Kim. Wenn sie eine Hand frei gehabt hätte, hätte sie Mangus Gesicht zerkratzt.

„Tja, wir Mongolen haben stets viele Frauen", sagte Mangu beiläufig. „Andererseits könnte ich auch für dich einen guten Preis erzielen. Mal sehen." Er gab seinen Männern erneut ein Zeichen. Die Freunde wurden auf die Füße gestellt und zu den zerlumpten Gestalten geschubst. Kija versteckte sich im hohen Gras und beobachtete die Szene mit großen Augen. Dann setzte sich die ganze Karawane wieder in Bewegung. Stolz ritt Mangu voran.

„Das geht ja gut los", sagte Kim niedergeschlagen.

„Warte ab, bis wir beim Khan sind. Dann sehen wir weiter", versuchte Julian sie zu trösten.

„Seht es doch mal positiv“, meldete sich Leon zu Wort. „Immerhin kommen wir zum Khan. Wer weiß, ob wir den allein gefunden hätten.“

Dann wandte er sich an ein Paar mit zwei Kindern, das hinter ihm trottete.

„Ihr seid wohl auch versklavt worden?“, fragte er.

„Ja“, entgegnete der Mann, der sich als Alach vorstellte. „Wir gehören zu einer kleinen *Yasun* aus den Bergen, die Ziegen und Schafe züchtet. Mangus Männer sind nachts in unsere *Jurte* eingedrungen und haben uns angegriffen. Diejenigen von uns, die sich gewehrt haben, wurden erschlagen. Der Rest zieht mit dieser traurigen Karawane.“

Betrübt sah sich Leon die ausgemergelten Gestalten an, die sich mühsam voranschleppten.

„Mangu gibt uns ganz wenig zu essen“, sagte Alach. „Denn Essen ist teuer. Und das verringert Mangus Gewinn.“

„Ist das Heer des Khans wirklich ganz in der Nähe?“

Alach hob die Schultern. „Keine Ahnung. Das Heer reitet ständig von einem Ort zum anderen. Wer weiß, ob wir es überhaupt lebend erreichen.“

Das Heer des Khans

Langsam senkte sich die Abenddämmerung über das hügelige Grasland. Nach wie vor trotteten die Freunde mit den anderen Sklaven stumm vorwärts. Plötzlich erhob sich aufgeregtes Stimmengewirr. Ein Reiter, der von Mangu als Späher ausgesandt worden war, kam angeritten.

„Das Lager, ich habe es gesehen!“, rief er.

„Du bist ein guter Mann“, lobte Mangu ihn. „Aber sonst wärst du auch nicht bei mir.“

Kim verdrehte genervt die Augen. „Ich ertrage diesen selbstgefälligen Kerl nicht mehr lange!“

„Halte deine Zunge im Zaum! Sag bloß nichts Unüberlegtes!“, warnte Julian sie.

„Keine Sorge“, erwiderte Kim. „Ich reiße mich zusammen. Aber es fällt mir verdammt schwer.“

Der Späher führte die Karawane auf einen Hügel und deutete Richtung Süden. Kim, Julian und Leon staunten: Vor einem Waldgebiet lag ein gewaltiges Heerlager. Es bestand aus einer Vielzahl von kreisförmig angeordneten Jurten, zwischen denen sich kleine schwarze Punkte hin und her bewegten.

„Das hier sind Zehntausende von Männern“, sagte Mangu ehrfürchtig. „Diese Anzahl kann nur ein *Gur Khan* hinter sich vereinen: der Dschingis Khan.“

„Ach? Ich dachte, das könnte nur der einmalig große und schöne Mangu“, sagte Kim zum Glück so leise, dass sie niemand außer ihren Freunden hörte.

„Pst! Bitte, Kim!“, ermahnte Leon seine vorlaute Freundin.

„Du sollst den Heini ja nicht heiraten!“, erwiderte sie wütend.

„Wir versprechen dir, dass das keinesfalls passieren wird“, sagte Leon schnell.

„Großes Ehrenwort“, bekräftigte auch Julian. „Vorsicht, Mangu kommt!“

Der Menschenhändler schob die anderen Sklaven beiseite und beugte sich zu Kim hinunter.

„Na, was ist, willst du den ehrenwerten Mangu nun heiraten?“, fragte er mit einem falschen Lächeln.

Kim presste die Lippen fest aufeinander.

„Ich sehe die Wut in deinen Augen“, stellte Mangu fest. „Du hast viel Temperament, zu viel, glaube ich. Deshalb wirst du leider nicht das Glück haben, mich zu heiraten. Ich habe mich entschlossen, auch dich zu verkaufen. Du bist mir zu kratzbürstig.“

„Schade, wirklich schade“, erwiderte Kim spöttisch. Leon und Julian schickten Stoßgebete zum Himmel.

Für einen Augenblick sah es so aus, als wollte Mangu noch etwas sagen. Doch dann drehte er sich um und stieg auf sein Pferd.

Wenig später erreichte die Karawane das Lager. Die Luft war erfüllt vom Rauch der zahlreichen Lagerfeuer, dem Brüllen der Kamele, Blöken der Schafe und Wiehern der mongolischen Pferde, die sehr stämmig waren. Wachen führten Mangu, seine Männer und die Sklaven durch die Stadt der aus Holz und Filz gebauten, runden Jurten. Vor einigen saßen Soldaten, löffelten ihre *Char Söl*, eine fette Suppe mit Fleischstücken, und tranken *Archi*. Andere spielten *Eson Tochoj*, ein Spiel, bei dem man durch geschicktes Fingerschnipsen versucht, mit einem Knöchelchen die Knöchelchen der Gegner über eine Linie zu schießen. Mit großen Augen bestaunten die Freunde einen Krieger, der gerade einen zahmen Falken fütterte, der auf seinem Unteram saß.

Die Wachen brachten den Trupp zu einer etwas größeren Jurte. Ein dicker Mann mit ausgeprägten O-Beinen kam heraus und schaute mit mäßigem Interesse auf die Neuankömmlinge.

Mangu deutete eine Verbeugung an und sagte: „Sei

gegrüßt, lieber Dobun, ich bringe dir neue fleißige Mitarbeiter.“

„Halb verhungerte Sklaven sind es, nichts anderes“, verbesserte Dobun ihn.

„Halb verhungert? Aber nein!“, rief Mangu übertrieben. „Sie sind nur zäh und ausdauernd, mein Lieber. Sehr belastbar. Alles Menschen, die du als Aufseher der Lasttiere gut brauchen kannst. Ich mache dir einen guten Preis! Ach, was sage ich: Ich mache dir den besten Preis! Ich schenke dir diese neuen Diener fast!“

Dobun sah Mangu verächtlich an. „Ich kenne deine Sprüche. Ich nehme nur die drei Kinder da. Die sollen den Mist der Tiere einsammeln. Aber für die anderen jämmerlichen Gestalten habe ich keine Verwendung. Schert euch fort!“

„Aber ich bitte dich, werter Dobun, so kannst du doch nicht mit mir …“

„Halt den Mund und verschwinde, bevor ich es mir anders überlege!“, rief Dobun. Dann warf er Mangu einen Beutel zu und wies die Wachen an, den Sklavenhändler und seine Leute aus dem Lager zu werfen.

„Und nun zu euch“, sagte Dobun, nachdem die anderen verschwunden waren. „Ihr könnt bei mir ein erträgliches Leben haben, wenn ihr einfach das tut, was ich euch sage, verstanden? Ihr werdet in einer Jurte mit anderen Kindersklaven schlafen. Tagsüber sammelt ihr mit diesen Gabeln und Körben den Mist der Tiere ein. Wie ihr wisst, haben wir in der Steppe wenig Brennmaterial fürs Feuer. Deswegen verbrennen wir den Dung der Tiere. Gabeln und Körbe stehen hinter der Jurte. Den Mist ladet ihr ebenfalls dort ab. Noch Fragen?“

„Ja“, meldete sich Kim. „Wir haben eine Katze dabei. Die stört doch niemanden, oder?“

„Eine Katze?“ Dobun runzelte die Stirn. „Nein, mich stört sie nicht. Aber es gibt ein paar Verrückte in diesem Lager, die haben solche Tiere zum Fressen gern!“ Mit einem dröhnenden Lachen verschwand Dobun in seiner Jurte.

„Was wird nur aus dem armen Alach und seiner Familie?“, fragte Julian.

„Wenn Mangu sie nicht verkaufen kann, wird er sie bestimmt laufen lassen. Dann haben sie doch keinen Wert mehr für ihn“, hoffte Kim.

„Vielleicht kreuzt Mangu ja schon bald wieder hier auf, um mit Dobun neue Geschäfte zu machen“, sagte Leon. „Womöglich können wir dann Alach und die anderen befreien.“

Julian schien das nicht sehr wahrscheinlich. Aber sie konnten derzeit nichts für Alach und die anderen Sklaven tun. Er wechselte das Thema. „Wir sollten erst einmal froh sein, dass wir in Khans Lager gelandet sind. Das hätte auch anders ausgehen können.“

„Allerdings“, stimmte Kim ihm zu. „Ich sah mich schon als Nebenfrau in der Jurte dieses ekligen Sklavenhändlers. Was für ein eingebildeter, schmieriger Typ!“

„Nur schade, dass wir bisher den Khan noch nicht zu Gesicht bekommen haben. Ich bin unheimlich gespannt, wie er aussieht“, sagte Leon. Er schnappte sich eine Gabel und einen Korb. „Lasst uns durchs Lager streifen und Mist einsammeln. Dabei können wir uns unauffällig umschauen.“

Also zogen die Kinder mit der Katze durch das Lager. Im Zentrum erhob sich ein seltsames Gebilde – ein gewaltiges Zelt auf Rädern. Diese Jurte war auf mehreren Karren aufgebaut worden. In der Nähe weideten etwa zwanzig Ochsen, deren Aufgabe es offenbar war, die Karren bei Bedarf zu ziehen. Banner wehten vor der Jurte, und immer wieder huschten bewaffnete Männer rein und raus.

„Das ist bestimmt die Jurte des Khans“, flüsterte Leon, während er versuchte, einen Pferdeapfel aufzupiksen, wobei dieser in der Mitte auseinanderfiel.

„So ein Mist!“, fluchte Leon.

„Stimmt genau“, rief jemand hinter den Freunden. Sie drehten sich um. Ein mageres Mädchen mit struppigen Haaren stand dort. Es hatte eine Mistgabel geschultert.

„Mach's besser", forderte Leon sie auf und lächelte freundlich.

Das Mädchen, es mochte etwa elf oder zwölf Jahre alt sein, lächelte nicht zurück. Das schmale, dunkle Gesicht wirkte ernst und erwachsen. Geschickt schaufelte das Mädchen einen anderen Pferdeapfel auf die Gabel und beförderte ihn in einen Korb.

„Na gut, der Punkt geht an dich", sagte Leon. „Wie heißt du?"

„Tscha'arun", kam es kurz angebunden zurück. Sie bückte sich, weil Kija zu ihr gekommen war und ihr um die Beine strich. „Aber die meisten nennen mich nur Tscha", fügte das Mädchen hinzu.

Die Freunde sahen sich an. Sie hatten damit gerechnet, dass Tscha sie nach ihren Namen fragen würde, aber das geschah nicht.

„Immerhin … Kija mag sie. Das ist ein gutes Zeichen", bemerkte Kim leise. „Wir sind neu hier", sagte sie wesentlich lauter. „Heute erst angekommen." Kim machte eine Pause.

Tscha sah kurz zu ihr auf und nickte. Ihre Miene verriet weder Interesse noch Ablehnung.

„Sklaven, oder?", fragte sie jetzt.

„Ja."

„Von Mangu?"

„Richtig."

Tscha stand auf. Trauer legte sich über ihr Gesicht wie ein dunkles Tuch. Ihre Hände schlossen sich so fest um den Stiel der Mistgabel, dass ihre Fingerknöchel weiß wurden.

„Mangu holt sie alle“, zischte sie. „Alle, die sich nicht wehren können, die Schwachen und Kleinen wie wir. Alle, die allein und verloren sind in diesem weiten Land.“

„Gehörst du auch zu den Sklavenkindern?“, fragte Kim vorsichtig.

Ein trotziges Nicken. Dann: „Ja, unsere Yasun wurde überfallen. Bei dem Kampf wurde ich von meiner Familie getrennt. Ich weiß nicht, was aus ihr geworden ist. Aber vermutlich sind meine Eltern und Geschwister tot. Ich war eine leichte Beute für einen Mann wie Mangu! Mit euch sind wir jetzt zwanzig Kinder hier. Wir wohnen alle zusammen in der Jurte da drüben.“ Tscha deutete in die Richtung, aus der die Freunde gekommen waren. „Ich zeige euch einen Platz, wo ihr schlafen könnt.“

Die Freunde trotteten hinter dem Mädchen her. Nachdem sie den Dung an der Sammelstelle abgeliefert hatten, führte Tscha sie zu einer unscheinbaren Jurte, die wie die meisten anderen mit weißem Tuch und den *Turgas*, den dicken, fettgetränkten Filzmatten, bedeckt war. Tscha öffnete die solide Holztür und ging hinein.

„Vorsicht!", brüllte sie Julian an, der gerade im Begriff war, ebenfalls einzutreten.

„Was ist?", fragte er verdattert.

„Du wärst fast auf die Schwelle getreten!", erklärte Tscha. „Wenn du die *Bosog* berührst, bringt das Unglück!"

„Schon gut", sagte Julian schnell, machte einen großen Schritt über die Schwelle und betrat die Jurte. Leon und Kim folgten. In der Zeltmitte befand sich ein klobiger Herd auf drei Beinen, der direkt unter dem runden Rauchabzug stand. Dem Eingang gegenüber war ein einfacher Altar mit zwei *Onggon*-Filzpuppen aufgebaut, den Abbildern der Hausgeister, und einem aus Holz geschnitzten Euter, das Glück versprach.

Tscha deutete auf drei Filzmatten. „Hier könnt ihr schlafen, sobald eure Arbeit erledigt ist. Habt ihr Durst?"

Ohne eine Antwort abzuwarten, füllte Tscha drei Becher mit einer hellen Flüssigkeit.

„Das ist *Eseg,* Stutenmilch. Ihr seht fast so aus, als würdet ihr das zum ersten Mal trinken! Aus welcher Welt kommt ihr eigentlich?", fragte sie, als sie bemerkte, dass Leon das Gesicht verzog.

„Von ganz weit", sagte Julian schnell. „Weit hinter den Bergen." Dann stellten sich die Freunde Tscha der Reihe nach vor.

Zum ersten Mal huschte ein Lächeln über Tschas Gesicht. Und jetzt sah sie ausgesprochen hübsch aus, fand Julian.

„So, so, weit hinter den Bergen“, sagte Tscha grinsend. „Aber das ist schon in Ordnung. Jeder hat seine Geheimnisse. Und jetzt kommt, wir müssen weiter Mist sammeln. Sonst wird der faule Dobun noch sauer. Und achtet auf die Bosog!“

„Du nimmst das wirklich verdammt ernst“, stellte Julian fest.

Blitzschnell stand Tscha vor ihm und erklärte ihm eindringlich: „Allerdings! Das solltest du auch! Der Khan lässt jedem den Kopf abschlagen, der die Bosog seiner Jurte auch nur berührt! Hast du das begriffen?“

Abwehrend hob Julian die Hände. „Klar, doch. Nicht auf die Bosog treten, niemals, nie!“

„Gut so. Sonst wirst du den nächsten Morgen vielleicht nicht erleben“, unkte Tscha. „Das wäre ziemlich bedauerlich.“

„Ja, wäre wirklich schade um diesen klugen, hübschen Kopf“, lästerte Kim und fing sich einen bösen Blick von Julian ein.

Tscha blieb ernst. „Das meinte ich nicht.“

Julian beschlich ein seltsames Gefühl. „So? Was dann?“, fragte er gespannt.

Tscha sah sie der Reihe nach an. „Oh, ihr Ahnungslosen. Morgen steht eine Schlacht an. Aber nicht irgendeine, sondern die entscheidende gegen die Truppen des Tanguten-Herrschers Burhan. Es wird eine Schlacht geben, wie sie dieses Land noch nicht gesehen hat, sagt unser *Schamane* Qutula.“ Das Mädchen senkte ihre Stimme, bis nur noch ein Flüstern zu hören war. „Qutula sagt auch, dass sich die Steppe in ein Meer aus Blut verwandeln wird. Diese Schlacht wird für Tausende den Tod bedeuten. Ich bete, dass es für uns danach noch ein Morgen gibt, große *Yal-un Eke*.“

Die Schlacht

Die Sonne glich einem roten Schild, der sich zwischen den Bergen erhob. Kim, Julian und Leon waren von Dobun zu einem flachen Tümpel am Waldrand geschickt geworden, um Wasser zu holen. Der Morgen war empfindlich kühl. Das Wasser des kleinen Sees glitzerte. Alles schien friedlich und ruhig. Doch die Freunde waren nervös. Die Angst vor der unmittelbar bevorstehenden Schlacht hatte sich in ihre Herzen geschlichen. Die halbe Nacht hatten sie wach gelegen und sich flüsternd unterhalten. Sie hatten sich Mut gemacht und immer wieder überlegt, wie sie den Gefahren aus dem Weg gehen könnten. Jetzt knieten sie stumm nebeneinander und schöpften das klare, kalte Wasser in die Eimer. Sie achteten auf jedes Geräusch und waren froh, sobald sie wieder im Lager waren.

Als die Freunde das Wasser zu ein paar Pferden gebracht hatten, wurde Kija plötzlich unruhig. Die Ohren der Katze waren leicht angelegt.

Kim beugte sich zu ihr hinab. „Was ist los? Was

macht dich so nervös?“, fragte sie leise. Kija flitzte los. „Sie läuft zum Zelt des Khans“, raunte Kim.

„Oje“, entfuhr es Julian. Ihm war Tschas Warnung vor der Türschwelle eingefallen. „Komm sofort zurück, Kija!“

„Ach was“, rief Kim. „Bestimmt hat sie etwas Interessantes entdeckt. Kommt, Jungs!“

Vor der fürstlichen Jurte des Khans hatten sich bereits viele Soldaten versammelt. Die Freunde schlängelten sich durch die Menge, bis sie in der vordersten Reihe standen.

Auf einmal sahen sie ihn: Dschingis Khan saß auf einem einfachen Hocker vor dem Eingang zu seiner Jurte. Er trug eine Uniform aus schwarzem Leder und reich verzierte Stiefel. In den Händen hielt er eine Peitsche. Um den Mund des stattlichen Mannes spielte ein nahezu verträumtes Lächeln, während er mit seinen klugen, blaugrauen Augen die Gesichter seiner Männer musterte. Sobald er einen der Soldaten länger ansah, senkte dieser ehrfürchtig den Blick. Es war beeindruckend: Der Khan beherrschte seine Männer, ohne auch nur einen einzigen Ton zu sagen.

Plötzlich war ein merkwürdiger Gesang zu hören, der von Trommeln begleitet wurde. Das Lächeln verschwand aus dem Gesicht des Khans und wich einer nervösen Anspannung. Eine Gasse wurde gebildet. Ein

Mann mit einer Federkrone und einer Trommel erschien. Er trug einen langen Mantel, an dem Vogelkrallen, lange bunte Bänder und Federbüschel befestigt waren.

„Qutula“, wisperte Tscha, die plötzlich hinter ihnen stand und sie ernst und ein wenig traurig ansah. „Der Schamane!“

Qutula hatte nun die Mitte des Kreises erreicht und verbeugte sich vor seinem Herrscher. Dschingis Khan nickte ihm zu, sagte aber immer noch kein Wort. Nun begann der Schamane zu tanzen und zu singen, während er die Trommel immer schneller schlug, bis er einen rasenden Rhythmus erreicht hatte. Plötzlich sank Qutula auf die Knie und zog aus einem Beutel an seinem Gürtel ein kleines Gefäß. Dann verdeckte er es mit seinem Mantel. Als er ihn wieder zurückriss, gab es eine Stichflamme. Entsetzt fuhr die Menge zurück.

„Das fliegende Feuer!“, murmelte Tscha ehrfürchtig. „Nur Qutula besitzt die Macht darüber.“

Die Freunde schauten sich an. Doch dann zog der Schamane wieder ihre Aufmerksamkeit auf sich. Er hatte auf dem Boden ein kleines Feuer entzündet und hielt einen Knochen in die Flammen.

Tscha bemerkte die fragenden Blicke der Freunde und erklärte: „Qutula wird aus dem Schulterblatt des

Schafes lesen, ob der Khan die Schlacht gewinnen wird!“

Kurz darauf war es so weit. Der Schamane zog das Schulterblatt aus dem Feuer und untersuchte die feinen Sprünge im Knochen, die durch die Hitze entstanden waren. Es trat eine merkwürdige Stille ein.

Qutula stand auf und erhob zum ersten Mal seine Stimme.

„Großer Khan!“, rief er. „Das Zeichen, das uns der Himmel gab, ist eindeutig: Der Knochen ist der Länge nach aufgesprungen: Du wirst siegen!“

Ohrenbetäubender Jubel brach aus. Dann erhob sich der Khan. Allein das brachte die Menge zum Schweigen.

„Jeder weiß, was er zu tun hat“, sagte er souverän zu seinen Hauptleuten. „Es geht los!“

Eine Stunde später war das Lager verwaist. Tausende von schwer bewaffneten Soldaten hatten sich im Wald versteckt. Ein kleiner Trupp war davongeritten – genau auf das Heer der Tanguten zu, das laut der Späher im Anmarsch war.

Kim, Julian, Leon, Kija und Tscha saßen hoch oben in einem Baum, wo sie eine gute Aussicht auf den Weg hatten, der den Wald durchschnitt. Außerdem fühlten sie sich hier einigermaßen sicher.

Vorhin hatte es wegen der Sicherheit eine heftige

Diskussion gegeben. Julian war dafür gewesen, die bevorstehende Schlacht von einem Hügel aus zu beobachten, der etwa hundert Meter entfernt war. Doch Kim und Leon waren der Meinung gewesen, dass sie dann vermutlich nichts sehen würden. Der Wald hätte ihnen die Sicht auf das Schlachtfeld versperrt. Und Kim und Leon brannten darauf, zu erfahren, wie es dem Khan in der Schlacht erging. Würde er unverletzt bleiben? Oder war dieser Kampf sein letzter? Leon und Kim hatten sich schließlich durchgesetzt. Die beiden ahnten, dass sie sich – hier auf dem Baum – in eine gefährliche Lage manövriert hatten, aber dieses Risiko wollten sie eingehen.

Nun hockte Kim in einer Astgabel und hatte den Rücken gegen den Baumstamm gelehnt. In ihrem Schoß lag Kija und ließ sich streicheln. Während Kims Finger durch das seidige Fell strichen, spürte sie, dass die Katze alles andere als entspannt war. Auch Kija schien die Gefahr zu spüren.

„Es ist genau wie in meinem Traum", sagte Kim leise zu den Freunden. „Nur, dass jetzt alles echt ist!"

Eine weitere Stunde verstrich. Das Warten begann die Freunde zu zermürben. Doch dann preschten einige Reiter heran. Einer von ihnen hing mehr auf seinem Pferd, als dass er saß. Blut floss aus einer Wunde in seinem Rücken. Aufgeregte Stimmen wurden laut.

Dann stürmte plötzlich der Khan hoch zu Ross auf den Weg. In seiner rechten Hand lag ein reich verzierter Krummsäbel.

„Der Säbel!“, stieß Tscha hervor. „Qutula hat ihn geweiht. Mit ihm ist der Khan noch stärker!“

Eine riesige Schar Bewaffneter kam auf den Khan zu – die Tanguten! Dschingis Khan stieß einen markerschütternden Schrei aus.

Es ist wirklich wie in meinem Traum!, durchfuhr es Kim erneut. Sie schlug die Hand vor den Mund.

Nun brachen die bis dahin verborgenen Männer des Khans aus dem Wald hervor und stürzten sich auf den überraschten Feind. Die Luft war erfüllt vom Klirren der Säbel, dem Sirren der Pfeile, dem Kampfgeschrei der Krieger und dem Stöhnen der Verwundeten.

„Oh, mein Gott, mein Gott, mein Gott“, stammelte Julian immer wieder und war dabei ganz bleich. Er konnte nicht mehr hinsehen und fixierte eine einsame Wolke am sonst klaren, blauen Himmel. Wären sie doch nur auf den sicheren Hügel gegangen!

Ganz anders Kim. Sie starrte fasziniert auf das Geschehen unter ihr. Dabei richtete sie ihr Augenmerk vor allem auf den Khan.

„Siehst du, wie gut er reiten kann?“, rief sie Leon zu.
„Niemals ist der an den Folgen eines Reitunfalls, den er vor einem Jahr hatte, gestorben!“

„Ja, es muss eine andere Todesursache geben", gab Leon ihr Recht, bevor er im selben Augenblick schrie: „Vorsicht!" Im letzten Moment bückte sich der Junge. Direkt über seinem Kopf bohrte sich ein brennender Pfeil in den Stamm.

„Verfluchter Mist!", rief Leon. „Der Baum fängt Feuer!"

Sofort standen trockene Blätter und dürre Äste in Flammen. Das Feuer breitete sich rasch aus.

„Wir müssen runter!", rief Leon.

„Bist du verrückt? Dort tobt die Schlacht!", schrie Julian voller Panik.

„Wir haben keine andere Wahl!", rief Leon. „Schnell runter und rauf auf den nächsten Baum! Kommt!" Behände kletterte er hinab. Die anderen folgten ihm. Unter dem Baum schlugen gerade zwei Männer mit ihren Säbeln aufeinander ein. Zwei andere rollten sich am Boden. Ein Dolch blitzte auf. Wenige Schritte entfernt war ein Baum, doch seine Äste reichten nicht weit genug herunter. Da kamen sie nie rauf! Ein Reiter preschte in vollem Galopp auf sie zu, Pfeil und Bogen gespannt. Schon surrte ein Pfeil durch die Luft und bohrte sich in die Brust eines Tanguten. Der Baum, auf dem sie gesessen hatten, stand nun lichterloh in Flammen. Eine unerträgliche Hitze breitete sich aus. Brennende Äste fielen herab.

Julian presste sich an Leon. „Wohin? Sag doch, wohin? Bitte!"

Leon ahnte, dass Julian gleich durchdrehen würde. Sie mussten sofort aus der Schusslinie! Leons Puls raste. Da! Ein großer Felsbrocken! Bot er ihnen ausreichenden Schutz? Egal, einen Versuch war es wert. Sie hatten ohnehin keine andere Wahl.

„Los!", rief Leon, stürmte vor und warf sich hinter den Stein. Keuchend folgten ihm die anderen.

„Köpfe runter!", ordnete Leon an. Wenn sie sich zusammenkauerten, waren sie einigermaßen geschützt. Leon atmete auf und wagte einen Blick über den Felsen. Etwas krachte direkt neben seinem Kopf gegen den Stein. Funken stoben. Ein Pfeil mit einer Eisenspitze fiel zu Boden. Leon warf sich hin. Sein Atem flog.

„Was ist?", fragte Julian mit zitternder Stimme. Er lag zwischen Tscha und Kim, die Kija fest an sich gedrückt hatte. Die Augen des Tieres waren weit aufgerissen.

„Alles in Ordnung", log Leon, während er versuchte, ruhig zu werden. „Aber niemand hebt seinen Kopf auch nur einen Zentimeter! Ist das klar?"

Die Frau, die sie Eidechse nannten

Das Heer des Tanguten-Fürsten Burhan war vernichtet worden. Nachdem die siegreichen Mongolen den Göttern gedankt hatten, hatte sich ihr Lager in einen großen Festplatz verwandelt. Zwar war der Sieg über Burhan nur ein Etappensieg, aber er galt als besonders wichtig, weil Burhan den Ruf eines gefürchteten und schlachtenerprobten Anführers genossen hatte.

Nun loderten im Lager der Sieger überall Freudenfeuer. Es wurde gelacht und getanzt. Ein Mann spielte eine fröhliche Melodie auf einer *Morin Khow,* die einer Geige ähnelt. Der *Chorz*-Schnaps floss in Strömen.

Die Freunde waren dazu abkommandiert worden, den Herrscher und seine Hauptleute vor dessen mit vielen Bannern geschmückten riesigen Jurte zu versorgen. Sie trugen große Portionen mit duftendem *Dal* und *Mach* zu den Soldaten. Dabei hatten sie immer wieder Gelegenheit, den Khan zu beobachten.

„Er ist unverletzt und bester Laune“, raunte Kim ihren Freunden zu.

„Allerdings“, pflichtete Julian ihr bei. Er hatte sich anscheinend von den Schrecken der Schlacht erholt und steckte wieder voller Tatendrang. „Aber woran wird er sterben? Morgen ist sein Todestag, wenn sich die Historiker nicht irren!“

Kim schüttelte den Kopf. „Sie müssen sich irren. Was soll dem Khan denn jetzt noch passieren?“

Da stampften zwei Soldaten heran, die in ihrer Mitte eine auffallend schöne Frau mit sich führten. Die Männer verneigten sich tief und sagten unterwürfig: „Sei gegrüßt, ozeangleicher Herrscher!“

Der Khan nickte ihnen knapp zu. Dann wandte er sich der Frau zu. „Wen haben wir denn da?“

Kim gab den anderen ein Zeichen. Sie verschwanden im Schatten einer Jurte. Aber sie waren nah genug, um die Unterhaltung zu verfolgen.

„Die schöne Körbeldschin“, beantwortete der Khan seine Frage selbst. „Man nennt dich die Eidechse. Lass dich mal ansehen.“ Er erhob sich und ging um die Frau herum, die ihn keines Blickes würdigte.

„Wirklich, du hast den eleganten, schmalen Körper einer Eidechse. Eine einsame Eidechse. Denn dein Mann, Tanguten-Fürst Burhan, ist tot“, bemerkte der Khan eher beiläufig. Er blieb vor der Frau stehen und starrte sie an.

„Du bist stolz, nicht wahr? Aber das könnte mich

reizen. Ich werde dich zu einer meiner Frauen machen. Das hat etwas: die Frau eines früheren Tanguten-Führers an meiner Seite.“

Leise stöhnte Kim auf.

„Was hältst du davon?“, fragte der Khan, als keine Reaktion kam.

Körbeldschin spuckte ihm direkt vor die Füße. Ein Aufschrei ging durch die Versammelten. Jeder rechnete damit, dass der Khan seinen Krummsäbel ziehen und die Frau töten würde. Doch nichts geschah.

„Noch heute Nacht werde ich deinen Widerstand brechen“, sagte der Khan leise. „Und dann gehörst du mir – so wie dein ganzes Volk. Oder das, was davon noch übrig ist!“ Er legte den Kopf in den Nacken und lachte schallend. Dann ordnete er an, dass Körbeldschin vorläufig in einer nahe gelegenen Jurte unter Bewachung gestellt würde.

„Das klingt ja mächtig interessant“, fand Leon.

„Wie meinst du das?“, fragte Kim.

Leon legte einen Finger auf die Lippen.

„Ich meine, dass wir Körbeldschin im Auge behalten sollten. Was meint ihr?“ Die anderen nickten.

Während der nächsten Stunden waren die Freunde damit beschäftigt, weiter Getränke und Speisen heranzuschaffen. Der Vorteil war, dass sie sich immer wieder heimlich etwas in den Mund stopfen konnten. Und auch Kija, die ihnen die ganze Zeit über nicht von der Seite wich, kam nicht zu kurz.

„Die könnten allmählich Schluss machen", maulte Kim kurz vor Mitternacht. Sie gähnte. „Die haben doch sowieso schon alle einen im Tee."

Leon deutete mit dem Kopf in Richtung der Jurte des Herrschers.

„Stimmt, sogar die Wachen haben ordentlich gebechert!"

Kurz darauf erhob sich der Khan leicht schwankend von seinem Platz am Feuer.

„Lasst mich jetzt allein", befahl er. „Und bringt diese schöne Eidechse in meine Jurte."

Sofort waren die Freunde wieder hellwach. Sie sahen, wie Körbeldschin herbeigeschleppt wurde. Dann wurde sie in die Jurte des Herrschers geschoben. Der Khan folgte ihr und schloss die Tür hinter sich.

„Und jetzt?", fragte Julian.

„Gehen wir auch schlafen", schlug Kim vor und gähnte erneut.

„Nein!", rief Leon. „Nachher verpassen wir etwas!"

Julian sah ihn verständnislos an. „Was willst du? In die Jurte spazieren und Hallo sagen?"

„Nein, natürlich nicht", antwortete Leon ungeduldig. „Aber vielleicht können wir irgendwie in das Zelt spähen!"

Kim und Julian blieben skeptisch, ließen sich aber von Leon überreden, die Jurte einmal zu umrunden. Sie schlichen sich an den Leibwächtern vorbei, die vor dem Zelteingang eingedöst waren, und gelangten an die Seite der großen Jurte.

„Hier ist es doch stockduster“, beschwerte sich Julian leise. „Die Aktion bringt nichts.“

„Abwarten“, gab Leon zurück.

In diesem Moment maunzte Kija leise. Leon beugte sich zu ihr hinunter.

„Was ist los? Willst du uns etwas zeigen?“, flüsterte er voller Hoffnung.

Die Katze stupste Leon mit der Nase auffordernd an. Dann verschwand sie im hohen Steppengras.

„Nicht so schnell!“, rief Leon leise und stolperte hinter ihr her.

Die Freunde fanden Kija direkt an der Rückwand der Jurte.

Im schwachen Mondlicht erkannten die Freunde einen Spalt zwischen zwei Scherengittern, aus denen die Jurte zusammengebaut war. Der Filz, der als Schutz vor Wind und Kälte diente, war aufgerissen.

Leon stieß einen anerkennenden Pfiff aus. „Gut gemacht, Kija!“ Er streichelte ihr über den Kopf, dann spähte er in das Innere der Jurte.

„Was siehst du?“, fragte Kim ungeduldig.

„Nicht viel“, gab Leon zu. „Der Spalt ist zu klein.“ Er steckte seine Hände hinein und versuchte ihn zu vergrößern.

„Vorsicht!“, warnte Julian. „Jeden Moment kann einer der Leibwächter vorbeikommen!“

„Ach was, die pennen“, erwiderte Leon und setzte seine Arbeit fort, immer darauf bedacht, keine verräterischen Geräusche zu verursachen. Schließlich hatte er den Spalt so weit vergrößert, dass sie alle drei gut in die Jurte schauen konnten.

In der Mitte stand ein großer Ofen und verbreitete wohlige Wärme. Daneben erstreckte sich ein großes Bett mit einer Vielzahl von Kissen, die kunstvoll bestickt waren. Der Khan stand mit dem Rücken zu den Freunden und breitete gerade die Arme aus.

„Und wie gefällt es dir im Lager der Sieger?“, fragte er mit einem leicht spöttischen Unterton.

Körbeldschin machte einen Schritt auf ihn zu. Jede Feindseligkeit war aus ihrem bildschönen Gesicht gewichen. Sie blickte den Herrscher aus warmen Augen an. Ein sanftes Lächeln umspielte ihre Lippen, als sie sagte: „Überall spürt man deine unendliche Macht, mein Gebieter. Ich bin froh, bei dir sein zu dürfen.“

„So?“, erwiderte der Khan erfreut. „Das klang vorhin aber noch ganz anders.“

„Ja", gab Körbeldschin zu. „Da war ich noch voller Wut. Aber die ist jetzt verraucht."

„Das höre ich gerne, beim großen Köke Tngri!" Der Khan drehte leicht den Kopf. Jetzt sahen die Freunde, dass er freundlich lächelte. Er schien keinerlei Gefahr zu ahnen, wirkte entspannt und gut gelaunt. Nun machte Körbeldschin noch einen Schritt auf ihn zu.

Kim knabberte auf ihrer Unterlippe. Da stimmte doch etwas nicht! Was hatte Körbeldschin vor?

„Ich möchte etwas trinken", bat die Eidechse.

Schon machte der Khan Anstalten, sie aus dem Krug mit Archi zu bedienen, der zusammen mit einigen kostbaren chinesischen Gläsern neben dem Bett auf einem Beistelltisch stand.

„Aber nein", sagte Körbeldschin schnell. „Das ist keine Aufgabe für einen Herrscher."

Spielerisch stieß sie ihn vor die Brust. Der Khan ließ sich auf das Bett fallen. Er breitete die Arme aus und sah Körbeldschin mit freundlichen Augen an.

„Warte, mein Gebieter, gleich bin ich bei dir", flötete die Frau. Dann beugte sie sich über den Krug und schirmte ihn mit ihrem Körper so ab, dass niemand sehen konnte, was sie tat. Anschließend wandte sie sich wieder dem Khan zu, zwei Gläser mit Archi in den Händen. „Auf dein Wohl, mein ozeangleicher Herrscher!"

Rache

Dschingis Khan stand vom Bett auf, nahm das ihm gereichte Glas und ließ es gegen das der verführerischen Frau klirren.

„Auf dein Wohl!“, sagte auch er. Dann trank er einen großen Schluck.

Lächelnd sah Körbeldschin ihm zu. Der Khan stellte das Glas auf dem Beistelltisch ab und machte Anstalten, die Frau zu umarmen. Plötzlich hielt er inne und presste die Hände auf den Bauch.

„Was ist, mein Herrscher?“, fragte Körbeldschin mit gespielter Unschuld.

Der Khan öffnete den Mund, aber kein Wort kam über seine Lippen. Seine Augen traten unnatürlich hervor. Er begann zu würgen. Dann griff er nach Körbeldschin, doch sie wich elegant einen Schritt zurück. Mit einem Stöhnen sank der Khan auf die Knie.

„Oh mein Gott, sie hat ihn vergiftet“, entfuhr es Julian. „Wir müssen etwas unternehmen!“

„So fühlt sich der Tod an“, zischte daraufhin Körbeldschin. „Der Tod, den du meinem Volk tausendfach zugefügt hast. Meinem Volk und meinem geliebten Gemahl. Und das hier, elender Khan, ist meine Rache!“

Dschingis Khan fiel vornüber und rührte sich nicht mehr. Nun lief Körbeldschin zur Tür und rief nach den Wachen.

„Bleib hier!“, bremste Leon seinen Freund Julian, der bereits aufgesprungen war, um Hilfe zu holen.

Sekunden später stürmten zwei Wachen, die überraschend nüchtern wirkten, in die Jurte.

„Der Khan!“, heulte Körbeldschin. „Plötzlich ist er zusammengebrochen. Ihr müsst den Schamanen holen, schnell!“

Verdattert sahen sich die Wachen an. Dann rannten sie kopflos aus der Jurte und brüllten nach Qutula. Diese Situation nutzte Körbeldschin, um ebenfalls die Jurte zu verlassen.

„Kommt!“, rief Leon und sprang auf. Dann sausten die Freunde nach vorn zum Eingang der Jurte. Von Körbeldschin war keine Spur mehr zu sehen. Offenbar war sie in der Dunkelheit untergetaucht. Von allen Seiten liefen hochrangige Offiziere heran und drängten in die Jurte. Im allgemeinen Durcheinander fiel niemandem auf, dass sich auch die Freunde in das Zelt mogelten. Jemand hatte den Khan auf Kissen gebettet. Das Gesicht des Herrschers war wachsweiß, seine Miene

entspannt, nahezu friedlich. Hilflos standen die Soldaten um ihren Herrscher herum. Einige beteten stumm. Endlich erschien auch Qutula auf der Bildfläche.

„Macht Platz!“, schnauzte er die Umstehenden an. Die Freunde drängten sich dicht aneinander und ließen den Schamanen durch.

Sofort kauerte sich Qutula neben den Herrscher, fühlte seinen Puls und seine Stirn. Er murmelte ein unverständliches Wort, das er ständig wiederholte, schneller und immer schneller. Seine Stimme steigerte sich, bis er schrie und heulte, voller Wut und Trauer. Ehrfürchtig wichen alle zurück. Nun brach der Schamane zusammen. Heftige Krämpfe schüttelten seinen Körper. Zwei, drei unheimliche Minuten verstrichen, bis sich Qutula erhob. Er schickte wütende Blicke durch die Jurte. Jeder, den sie trafen, senkte den Kopf, als habe er Angst, von ihnen getötet zu werden. Und dann gab Qutula das bekannt, was alle im Zelt befürchtet hatten: „Unser ozeangleicher Herrscher ist tot.“

Der Schamane

„Sie hat ihn umgebracht“, sagte Kim am nächsten Morgen, als sie mit ihren Freunden auf Anweisung von Dobun wieder Dung aufsammelte. „Deshalb müssen wir Qutula sagen, was wir gesehen haben!“

„Dann müssen wir aber auch zugeben, dass wir heimlich in die Jurte des Dschingis Khan geschaut haben“, gab Julian zu bedenken.

„Da hat er Recht“, stimmte Leon zu. „Und wer weiß, wie die Strafe dafür ausfällt.“

Julian erschauderte. „Man wird ja hier schon hingerichtet, wenn man auf eine Türschwelle tritt …“

Das sah Kim ein. „Okay, aber immerhin haben wir das erste Rätsel gelöst. Wir wissen, woran der Khan tatsächlich gestorben ist. Es war ein Giftmord!“

Leon setzte seinen Korb ab und sah seine Freunde an. „Ich vermute, dass Qutula das längst weiß. Er wird auch wissen, wer dahintersteckt. Also bin ich mal gespannt, wie es …“

„Da seid ihr ja!“, rief in diesem Augenblick Tscha.

Aufgeregt rannte sie auf die Kinder zu. „Ich hab euch schon überall gesucht. Kommt schnell, Qutula will etwas Wichtiges sagen!“

Eine große Menschenmenge hatte sich vor der Jurte des Schamanen versammelt. In den Gesichtern der Soldaten spiegelten sich Verzweiflung und tiefe Trauer wider.

„Unser unvergleichbarer Herrscher ist von uns gegangen. Den Göttern gefiel es, ihn zu sich zu holen“, rief Qutula gerade. „Wie ihr wisst, stürzte der Gur Khan vor vielen Monden vom Pferd und verletzte sich dabei schwer an der Brust. Ich selbst habe ihn bandagiert und gepflegt. Unser Herrscher ritt mit uns, kämpfte mit uns und siegte mit uns. Aber nicht nur der Sieg war sein ständiger Begleiter, sondern auch der Schmerz. Doch der Khan hielt durch und ließ sich nichts anmerken. Aber seine Verletzung war sehr schwer. Am Ende war sie zu schwer. Sie hat seinen Tod bedeutet!“

Qutula machte eine Pause.

„Warum erwähnt er denn Körbeldschin mit keiner Silbe?“, fragte Leon flüsternd. Er achtete vor allem darauf, dass Tscha ihn nicht hörte.

„Das ist doch logisch“, erwiderte Kim ebenso leise. „Offenbar sollen die wenig ruhmreichen Umstände des Todes von Dschingis Khan verschwiegen werden. Dass der Khan durch die List einer Frau getötet wurde, passt nicht in das Bild des unbesiegbaren Herrschers!"

Leon nickte stumm. Die „Geheime Geschichte" stimmte also in diesem Punkt tatsächlich nicht.

„Außerdem darf niemand erfahren, dass wir die wahre Todesursache kennen. Das könnte gefährlich für uns werden!", fügte Kim noch hinzu.

Julian und Leon sahen das genauso – das würde ihr Geheimnis bleiben.

„Noch in der vergangenen Nacht habe ich die Götter befragt, wie es weitergehen soll", fuhr der Schamane fort. „Nun hört, was sie mir gesagt haben: Das Heer wird unter der Leitung des Offiziers Dschebe weiterziehen, um die letzten Truppen der Tanguten zu vernichten. Dschebe, vortreten!"

Ein junger, stattlicher Krieger löste sich aus der Menge und stellte sich neben den Schamanen.

„Unglaublich, welche Macht Qutula hat", entfuhr es Julian. „Sogar die höchsten Offiziere gehorchen ihm."

Tscha nickte. „Qutula war schon immer der zweitwichtigste Mann im Heer. Jetzt steht er ganz oben!"

„Dschebe, willst du diese verantwortungsvolle Aufgabe übernehmen?", fragte der Schamane den Offizier. „Willst du den letzten Willen deines Khans befolgen und die Tanguten bekriegen?"

Dschebe nickte knapp.

„Gut“, sagte Qutula. „So wollen es auch die Götter. Auch für mich und einige Auserwählte unter euch haben sie eine Aufgabe. Ich soll dafür sorgen, dass unser Khan in seine Heimat aufbricht. Wir werden ihn zum heiligen Berg Burhan Chaldun bringen, wo er geboren wurde und wo er nun sein Grab finden soll. Denn dort, und nur dort, wird sein Geist seine Sippe und sein Volk beschützen. 2000 Soldaten und 800 Diener werden den Khan und mich begleiten. Wer will uns folgen?“

Sofort meldeten sich zahlreiche Männer.

„Los, da müssen wir dabei sein!“, wisperte Leon seinen Freunden zu. „Nur so finden wir heraus, wo das Grab des Khans liegt!“ Er wartete gar nicht die Zustimmung seiner Freunde ab, sondern hob den Arm. Qutula winkte ihn und die anderen heran.

„Halt, was macht ihr da?“, brüllte Tscha verzweifelt, sobald sie erkannte, was geschah. „Wisst ihr denn nicht, dass ...“

In diesem Moment legte sich eine Hand um ihren Mund. Dann wurde das Mädchen weggezerrt.

„Was soll das?“, rief Kim. „Wir müssen ihr helfen!“ Schon wollte sie loslaufen, aber starke Arme hielten sie fest.

„Du bleibst hier“, stieß Qutula hervor. Sein Gesicht war düster, als er hinzufügte: „Denn auch du wirst den

Khan auf seiner letzten Reise begleiten. Es gibt kein Zurück!“

Plötzlich wurde Kim merkwürdig kalt. Sie hatte das seltsame Gefühl, einen entsetzlichen Fehler begangen zu haben.

Das Gold des Khans

Dschebe befahl den sofortigen Aufbruch. In Windeseile wurden die Jurten abgebaut, die Lasttiere beladen und die Pferde gesattelt. Noch am Vormittag zog das gewaltige Heer nach Süden, um weiter gegen die Tanguten zu kämpfen. Auch Tscha und Dobun marschierten im riesigen Tross mit.

Unterdessen waren die Freunde damit beschäftigt, Qutulas Jurte abzubauen. Sie halfen, die Kamelhaarseile aufzuschnüren. Dann legten sie die Filzdecken, Dachstreben und Wandgitter zusammen und verluden alles auf die Packtiere. Julian passte höllisch auf, dass er nicht auf eine Bosog trat. Wie ein rohes Ei trug er die Türschwelle zu einem der Lastkamele.

„Wie es Tscha wohl geht?“, überlegte Kim, während sie mit Julian eines der Wandgitter zu einem Kamel schleppte. „Ich hätte mich gern noch von ihr verabschiedet!“

Julian wischte sich den Schweiß von der Stirn. „Ich auch, aber dafür ist es zu spät.“

„Leider“, entgegnete Kim. „Warum nur wollte sie nicht, dass wir mit dem Leichenzug ziehen?“

Julian zuckte mit den Schultern. „Keine Ahnung, aber ihre Reaktion war ziemlich heftig. Vielleicht hatte sie einfach nur Angst, ihre Freunde zu verlieren.“

Kim ließ die Last vor einem Kamel auf den Boden fallen. Das Tier blickte sie feindselig und störrisch an.

„Genau so wird es sein. Es wird kein Wiedersehen geben“, sagte Kim traurig. „Außerdem würde ich gerne wissen, was aus Körbeldschin geworden ist.“

„Sie ist wie vom Erdboden verschluckt“, sagte Julian. „Sie scheint entkommen zu sein.“

Etwas strich um seine Beine und er sah hinab.

„Kija!“, rief Julian erfreut.

Die Katze rieb ihren Kopf an Julians Bein. Der Junge setzte sich neben sie ins Steppengras. Kim folgte seinem Beispiel. Gemeinsam spielten sie mit der Katze. Doch Kija war nicht bei der Sache.

„Irgendetwas stimmt hier nicht“, sagte Kim. Julian sah sie fragend an. „Ich kann es dir nicht erklären“, fuhr Kim fort. „Aber Kija spürt es auch.“

„Hast du Angst?“

„Das wäre übertrieben. Es ist nur … ein ungutes Gefühl, weißt du?“

Julian schwieg. „Lass uns weitermachen“, schlug er nach einer Weile vor und stand auf.

Der tote Khan saß unter einem weißen Baldachin auf einem Bett. Kissen stützten seinen Körper. Er trug Helm und Brustpanzer, darunter ein Hemd aus feinster chinesischer Seide. Bogen und Pfeile lagen griffbereit neben ihm. Das Gesicht des ozeangleichen Herrschers war gen Norden gerichtet. Er würde sich jetzt gleich auf den langen, beschwerlichen Weg zum heiligen Berg machen.

Der Wagen, der das Bett trug, war sehr groß und hatte mannshohe Räder. Dreißig Kamele würden nötig sein, das sperrige Gefährt in Bewegung zu setzen. Es sollte aber nicht nur den Khan, sondern auch dessen Schätze tragen.

Die Freunde waren mit anderen Dienern damit beschäftigt, Truhen voller Gold und Edelsteine auf die Ladefläche zu wuchten. Soldaten überwachten jeden Handgriff der Diener. Der schärfste Beobachter aber war Qutula.

Ächzend schob Julian eine Kiste auf den Leichenwagen. Er wagte einen Blick auf den Toten. Eine Windböe trieb feinen Sand über die Steppe und der Baldachin blähte sich wie ein Segel. Julian schien es plötzlich, als habe sich auch der Khan bewegt. Er zwang sich, genauer hinzusehen. Schwankte der Körper ganz leicht?

Nein, das konnte nicht sein, sagte sich Julian. Der Khan war tot. Julians Zähne begannen zu klappern.

Das lag nicht nur an dem kühlen Wind, der über die eintönige Landschaft wehte. Jemand tippte Julian auf die Schulter. Er fuhr herum. Sein Herz schlug ihm bis zum Hals.

„Warum bist du so schreckhaft?“, fragte Kim grinsend. Leon stand hinter ihr. Auch er lächelte.

„Sehr lustig“, sagte Julian gereizt.

Kim ging darauf nicht ein. „Seht mal, da kommt ein besonderes Stück!“

Ein Diener trug den Säbel des Khans heran und legte ihn vorsichtig in eine Schatulle auf dem Wagen. Qutula hatte den Mann nicht aus den Augen gelassen und scheuchte ihn jetzt wieder zurück, damit er etwas anderes herbeischleppte.

„Qutula hat alles im Griff, nicht wahr?“, sagte Kim mehr zu sich selbst.

„Wie bitte?“

„Ach, war nur so ein Gedanke“, erklärte Kim. „Ich finde nur, dass er etwas übereifrig ist. Meint ihr nicht?“

Leon zupfte an seinem Ohrläppchen. „Und nervös ist er. Ich habe zudem den Eindruck, dass er es sehr eilig hat. Aber warum nur?“

Seine Freunde hatten darauf keine Antwort. Sie machten sich wieder an die Arbeit.

Während Kim die verschiedensten Dinge zu den Wagen trug, verstärkte sich ihr ungutes Gefühl. Vielleicht lag das an Kija, die ihr plötzlich nicht mehr von der Seite wich. Die Ohren der Katze waren flach an den Kopf gelegt – ein sicheres Zeichen dafür, dass sich Kija nach wie vor sehr unwohl fühlte, eventuell sogar Angst verspürte.

Womöglich lag es aber auch daran, dass Qutula immer hektischer wurde. Er schrie die Diener und Soldaten an und schien überall gleichzeitig sein zu wollen.

Er bewacht den Schatz, als wäre es sein eigener!, durchfuhr es Kim plötzlich. Er hat Angst, dass *ihm* etwas gestohlen wird!

„Was stehst du da herum und glotzt?“, fuhr Qutula das Mädchen jetzt an.

Dem entgeht tatsächlich nichts, dachte Kim und lief zu einer Jurte, um beim Abbau zu helfen. Kija heftete sich an ihre Fersen. Als Kim sich bückte, um ein paar Dachstangen zu bündeln, maunzte die Katze leise und eindringlich. Kim sah hoch. Die Katze starrte in die Richtung des Schamanen. Das Mädchen folgte ihrer Blickrichtung.

Qutula lehnte an einem der Wagen. Jetzt warf er erst einen Blick über die eine, dann über die andere Schulter. Dann griff der Schamane in eine Truhe. Zwischen seinen Fingern glitzerte etwas, das dann mit verblüffender Geschwindigkeit unter seinen Mantel wanderte.

Das war eine Sache von wenigen Sekunden. Ein geübter, routinierter Griff.

Kims Kinnlade klappte herunter. Das durfte doch nicht wahr sein! Der mächtige Schamane war ein gemeiner, kleiner Dieb!

Fast hätte Kim Alarm geschlagen. Doch sie beherrschte sich. Das würde sie alle in Schwierigkeiten bringen. Also flitzte Kim hinter Qutulas Rücken zu ihren Freunden und informierte sie.

„Lasst uns erst einmal schweigen“, sagte Julian. „Unser Ziel ist es, das Grab zu finden. Und wer weiß, ob uns das noch gelingt, wenn wir uns mit Qutula anlegen.“

„Dann decken wir aber einen Dieb“, gab Kim zu bedenken.

Leon verzog das Gesicht. „Aber nur vorübergehend. Wir können Qutula ja immer noch überführen, wenn wir den Ort des Grabes kennen.“

„Na gut“, fügte sich Kim. „Aber wir werden Qutula im Auge behalten!“

„In Ordnung“, erwiderten ihre Freunde. „Wer weiß, was er noch alles vorhat.“

Der Marsch der lebenden Toten

Gegen Mittag schlug das Wetter um. Erste Haufenwolken zogen über den Himmel. Zunächst trieben sie noch vereinzelt durch das grenzenlose Blau, doch dann türmten sie sich zu mächtigen Wolkenmassiven auf. Sie färbten sich grau, dann schwarz. Der Wind frischte böig auf, doch es fiel noch kein Regen.

„Alles fertig machen zum Aufbruch!“, schallte Qutulas Stimme über den inzwischen komplett geräumten Lagerplatz. Kurz darauf setzte sich der lange Tross in Bewegung. Vorne ritt ein Trupp mit Bogenschützen. Dann folgte Qutula mit einigen Soldaten, die er kurzerhand zu seinen Leibwächtern ernannt hatte. Dahinter rumpelte der Wagen mit dem toten Khan über den unebenen Steppenboden. Kim, Julian, Leon und Kija trotteten neben dem Wagen her. Ganz hinten folgten die übrigen Diener. Der Zug wurde seitlich von weiteren Truppen gesichert.

„Wie lange werden wir wohl brauchen, bis wir zum heiligen Berg kommen?“, überlegte Leon laut.

„Bestimmt eine halbe Ewigkeit“, stöhnte Julian. „Ich habe die Karte der Mongolei grob im Kopf. Der Burhan Chaldun liegt im Norden der Mongolei. Wir befinden uns ja derzeit sehr weit im Süden. Das wird ein verdammt langer Marsch.“

Kim lachte auf. „Lasst die Köpfe nicht hängen, Jungs. Denkt immer daran, dass wir eine heiße Spur verfolgen. Stellt euch nur vor, dass wir es sein werden, die herausfinden, wo das Grab des Dschingis Khan liegt!“

„Richtig, das gibt Kraft“, sagte Julian und fühlte sich tatsächlich ein wenig besser.

„Die werden wir auch brauchen“, murmelte Leon. „Schaut euch nur die Wolken an. Das sieht gar nicht gut aus.“

Drohend stand eine gewaltige Gewitterwolke über ihnen. Der Wolkenriese schluckte langsam auch das letzte Blau, bis der ganze Himmel von einem Unheil verkündenden Dunkelgrau überzogen war. Der Wind trieb feine Schleier aus Sand und Staub über die eintönige Steppe. Die Temperatur fiel plötzlich nach unten. Es grollte aus den Wolken. Allen war klar, dass ein schwerer Schauer unmittelbar bevorstand.

Soldaten und Diener zogen die Mützen ins Gesicht. Einige Männer zurrten den Baldachin über dem Khan rasch fester. Der tote Herrscher thronte stolz auf seinen Kissen, den Blick unverändert starr gen Norden gerichtet.

Der erste Blitz zuckte über den Himmel. Die Pferde wurden unruhig, einige scheuten. Stimmen wurden laut, Befehle gebrüllt. Manche Männer forderten leise, ein Lager aufzuschlagen, um sich vor dem Unwetter zu schützen, doch Qutula trieb seine Leute voran. Wieder ein Blitz, dem ein heftiger Donnerschlag folgte. Jetzt prasselte Regen auf die dürre Steppe. Große Tropfen schlugen wie Geschosse in den Boden. Erde spritzte hoch. Dann wurde es noch dunkler. In immer schnellerer Folge zerrissen Blitze die unheimliche Finsternis. Nur mit größter Mühe gelang es den Reitern, ihre Pferde unter Kontrolle zu halten.

Die Freunde liefen dicht nebeneinanderher. Kija hatte Unterschlupf in Kims Jacke gefunden. Nur ihr Kopf lugte hervor.

„Warum nur lässt Qutula kein Lager aufschlagen?“, fragte sich Julian laut. „Wir werden uns noch alle erkälten!“ Er spürte, wie Nässe und Kälte langsam durch seine Kleidung drangen. Die Zuversicht, die er gerade noch dank Kims aufmunternder Worte verspürt hatte, war schlagartig verschwunden. Er sehnte sich nur noch nach seinem gemütlichen Zimmer in Siebenthann. Stattdessen stiefelte er in dieser gottverlassenen mongolischen Steppe durch ein Unwetter, neben sich einen toten Weltherrscher, vor sich einen offenbar verrückten Schamanen und einen Trupp schwer bewaffneter Soldaten.

„Schade, dass wir nicht zurückkönnen“, sagte Leon, als habe er Julians Gedanken gelesen.

Julian sah ihn überrascht an. „Du willst jetzt nach Hause?“

Leon hatte den Kopf tief zwischen die Schultern gezogen. „Ja, aber wir haben kaum eine Chance. Wir würden vermutlich nicht einmal den Weg zu den Bergen finden, wo uns der Zeit-Raum ausgespuckt hat. Außerdem wird man uns nicht so einfach fortlassen.“

„Mit Sicherheit nicht“, erwiderte Julian düster. Fast wäre er gegen seinen Vordermann gelaufen. Der Tross war ins Stocken geraten.

„Was ist los?“, fragte Kim.

„Keine Ahnung“, antwortete Julian und schniefte. Unschlüssig sah er zu Leon. Der blickte sich kurz um. Gerade war kein Soldat in ihrer Nähe. Also wagte Leon es, aus der Reihe zu treten. Er erklomm eine kleine Anhöhe, stemmte sich gegen den heulenden Sturm und versuchte die Lage zu peilen. Da entdeckte er unmittelbar vor ihnen einen Fluss. Er hatte sich durch die starken Regenfälle in einen breiten, wild schäumenden Strom verwandelt. Aber eine Brücke konnte Leon nirgends entdecken.

Er lief zu seinen Freunden zurück und berichtete.

„Das ist der Huang-ho“, sagte ein Mann vor ihnen, der die Unterredung der Freunde mitbekommen hatte. „Dieser Fluss ist unberechenbar.“

„Dann ist es kein Wunder, dass wir stehen geblieben sind“, sagte Julian. „Jetzt könnte Qutula aber wirklich eine Rast anordnen.“

Doch der Schamane dachte gar nicht daran. Er befahl, am Huang-ho entlangzulaufen und eine seichte Stelle zu suchen, um den Fluss zu überqueren.

Das Fortkommen wurde immer schwieriger. Der Weg hatte sich in eine Schlammpiste verwandelt. Immer wieder sackte der Wagen mit dem Khan im tiefen Morast ein und konnte mit Tauen nur mühsam wieder herausgezogen werden. Kim, Julian und Leon mussten mit anfassen. Die dicken, klammen Taue rissen die Haut an ihren Händen auf. Langsam, aber sicher schwanden die Kräfte der Freunde. Sie hatten Hunger und Durst. Ihre Muskeln brannten wie Feuer. Es gab keine Pause, keine Hilfe, kein Zurück. Es gab nur Qutulas gebrüllte Kommandos, diesen unendlich schweren Wagen und den entsetzlichen Regen, der alles aufweichte. Die Füße fanden kaum Halt im weichen Boden. Leon rutschte aus und stürzte in den Schlamm. Der kalte Morast zog die letzte Wärme aus dem Körper des Jungen. Langsam rappelte sich Leon auf. Er, der sonst so stark war, hatte Tränen in den Augen. Seine Freunde nahmen ihn in die Arme, um ihn zu wärmen. Kija stupste ihn mit der Nase an. Doch schon erschallte ein neuer Befehl, der sie auseinandertrieb. Der Regen prasselte unbarmherzig auf sie nieder. Der Wind pfiff ihnen wütend um die Ohren. Längst waren alle bis auf die Knochen durchnässt.

Qutulas hysterische Stimme übertönte das Unwetter und trieb alle erbarmungslos voran. Niemand wagte es, ihm zu widersprechen.

Doch dann krachte ein Rad am Wagen des Khans in ein Loch und brach. Der große Karren neigte sich gefährlich zur Seite, und der Tote drohte von der Ladefläche zu rutschen. Aufgeregt rannten Diener herbei und stützten den Wagen mit ihren Körpern ab. Qutula ritt heran. Endlich sah er ein, dass sie nun nicht mehr weiterkamen – zumindest vorerst. Wütend befahl er, ein notdürftiges Lager aufzubauen.

„Sobald sich der große Köke Tngri beruhigt hat, werden wir das Rad reparieren! Dann ziehen wir weiter!“, rief er mit gellender Stimme.

Mit klammen Fingern begannen die drei Freunde, beim Aufbau einer Jurte zu helfen.

Erst am frühen Abend waren alle Arbeiten erledigt. Die völlig erschöpften Freunde freuten sich schon darauf, ins Zelt zu kommen und sich dicht an den *Tulga,* den mit Dung befeuerten Herd, zu setzen. In diesem Moment hörten sie eine vertraute Stimme.

„He, wartet!“

Die Freunde drehten sich um. Da tauchte hinter einem Packwagen eine kleine Gestalt auf: Tscha!

„Wie … wie kommst du denn hierher?“, stammelte Kim verdattert.

Doch Tscha antwortete nicht, sondern winkte die Freunde zu sich. Hinter dem Wagen fanden sie Schutz vor neugierigen Blicken. Auch Tschas Kleidung war völlig durchnässt. Das Mädchen zitterte am ganzen Körper.

„Ich bin von den Truppen weggelaufen. War nicht schwer, weil auf mich niemand besonders geachtet hat“, berichtete Tscha.

Kim legte einen Arm um ihre Schultern. „Schön, dass du da bist. Aber besonders gemütlich ist es hier nicht“, sagte sie.

Tscha blickte die Freunde sorgenvoll an. „Ich muss euch warnen“, sagte sie leise.

„Vor Qutula?“

„Ja! Oder auch nein“, erwiderte Tscha mit blauen

Lippen. Regenwasser tropfte aus den Haaren, die ihr ins Gesicht fielen. Sie schaute zu Boden. „Ihr wisst nicht, in welcher Gefahr ihr euch befindet!“

Kim, Julian und Leon sahen sich fragend an. Was meinte Tscha?

„Ihr seid so gut wie tot“, wisperte Tscha und sah ihren drei Freunden ins Gesicht.

„Was?“

Tscha nickte. „Alle, die den toten Khan auf seiner letzten Reise begleiten, müssen sterben. So will es das Gesetz.“

Die Freunde schluckten. Nur sehr langsam drang die Bedeutung von Tschas Worten zu ihnen durch.

„Sobald der Khan beerdigt ist, werden die Soldaten die Diener umbringen“, fuhr Tscha fort. „Dann werden sie sich gegenseitig töten. Als Letzter wird Qutula sich selbst das Leben nehmen.“

Julian konnte es noch immer nicht fassen. „Wir müssen alle sterben? Aber warum nur?“

„Niemand darf wissen, wo die letzte Ruhestätte unseres Khans liegt – aus Angst vor Grabräubern, versteht ihr?“, erklärte Tscha. „Auch alle die, die zufällig dem Leichenzug begegnen, werden des Todes sein.“

Julian lehnte sich schwer atmend gegen das Rad des Wagens. Eine dumpfe Müdigkeit übermannte ihn. Am liebsten hätte er sich an Ort und Stelle in den Schlamm fallen lassen. Er wollte nur noch schlafen.

„Aber warum bist du zurückgekommen?“, fragte Kim. „Nun schwebst auch du in Lebensgefahr!“

Tscha blickte an ihr vorbei in den grauen Himmel. „Ich konnte euch doch nicht unwissend ins Verderben laufen lassen. Ich musste euch einfach warnen. Ihr seid meine Freunde. Ich habe sonst niemanden mehr …“

Kim zog sie dicht an sich heran. „Dennoch hättest du das niemals tun dürfen“, sagte sie tonlos.

„Ja, vielleicht …“, entgegnete Tscha.

In diesem Moment rappelte sich Leon auf. „Hört auf damit“, rief er entschlossen. „Das klingt ja schon nach Grabreden. Noch sind wir nicht tot. Wir haben noch eine Chance.“

„Was hast du vor?“

Leon antwortete nicht.

Flucht

„Willst du fliehen?“, fragte Julian. „Rund um das Lager sind aber Wachen postiert!“

„Ja, mag sein“, erwiderte Leon, der jetzt offenbar die Sprache wieder gefunden hatte. „Doch was haben wir in unserer Situation schon groß zu verlieren? Wir müssen es wagen!“

Julian schüttelte den Kopf. „Zu gefährlich. Lasst uns mit Qutula reden. Wir könnten ihm doch schwören, dass wir nicht verraten, wo der Khan beerdigt wird.“

„Unfug“, mischte sich jetzt Tscha ein. „Ein Schwur beeindruckt ihn nicht. Er wird euch sofort töten lassen. Der Schamane kennt kein Erbarmen! Sein Auftrag ist zu wichtig, als dass er auf ein paar kleine Sklaven Rücksicht nehmen würde.“

Das leuchtete Julian ein. Er wandte sich an Leon: „Hast du schon eine Idee?“

Leon nickte nachdenklich. „Seht ihr dieses Pferd dort?“ Er deutete auf einen Wallach, der vor einer großen Jurte angebunden war.

„Klar, es gehört Qutula, wenn ich mich nicht irre“, sagte Kim.

„Genau“, antwortete Leon ruhig. „Und das Pferd wird nicht bewacht.“

Nun weihte er die Freunde in seinen Plan ein.

Kurz darauf robbte Leon durch das hohe Gras auf den Wallach zu. In der rechten Hand hielt er ein Messer, das ihm Tscha gegeben hatte. Leons Freunde kauerten nach wie vor am Wagen und hielten Ausschau nach Soldaten. Notfalls wollten sie Leon mit einem Pfiff warnen.

Leon kam dem Tier immer näher. Seine Kleidung hing schwer und nass an ihm, doch der Junge spürte die Kälte nicht mehr. Wenn sein Plan gelang, konnten sie Qutulas Männern vielleicht entkommen. Leon wusste, dass diese Chance gering war, aber wenigstens versuchen mussten sie es.

Plötzlich begann der Boden unter ihm zu vibrieren. Ein Reiter kam auf ihn zu! Da ertönte auch schon der warnende Pfiff seiner Freunde. Aber es war zu spät! Leon rollte sich im Steppengras zusammen, machte sich so klein es ging. Das Hufgetrappel kam immer näher! Leon schickte ein stummes Gebet zum Himmel. Vielleicht erhörten ihn diese mongolischen Götter.

Die Hufe donnerten über den weichen Boden. Leon

kam es so vor, als rase ein Eilzug an ihm vorbei. Dann wurde das Getrappel leiser. Pferd und Reiter schienen sich wieder zu entfernen! Leon atmete auf. Er kniete sich hin und krabbelte weiter. Jetzt hatte er Qutulas Pferd erreicht. Wieder spähte er über die Gräser hinweg. Niemand war in unmittelbarer Nähe. Nur ganz schwach drangen Wortfetzen aus der Jurte, vor der das Pferd angebunden war. Leon handelte schnell und konzentriert. Mit dem Messer durchtrennte er das Seil und gab Qutulas Pferd einen kräftigen Klaps auf den Hintern. Der Wallach bäumte sich auf und stürmte los, offenbar froh, frei zu sein. Sofort gab Leon seinen Freunden ein Zeichen. Julian, Kim, Kija und Tscha sprangen hinter dem Karren hervor und rannten zu ihm. Gleichzeitig hatte Leon an die Tür zu Qutulas Jurte geklopft. Sie flog auf, und eine Wache sah den Jungen unwirsch an.

„Was willst du?“

„Das Pferd von Qutula hat sich losgerissen!“, rief Leon.

Die Wache drehte sich um und brüllte etwas in die Jurte hinein. Sofort erschien Qutula.

„Holt es sofort zurück!“, fauchte er. „Das ist schließlich nicht irgendein Pferd!“

„Gern, großer Qutula“, sagte Leon mit einer kurzen Verbeugung. „Ich habe gesehen, wohin es gelaufen ist.

Meine Freunde und ich werden Euch das Pferd schnell zurückbringen, wenn Ihr uns erlaubt, das Lager zu verlassen!“

„Worauf wartet ihr noch?“, bellte der Schamane. Dann schnauzte er die Wachen an. „Und was ist mit euch? Beteiligt euch an der Suche! Los!“

Leon wollte schon losrennen, als Tscha ihn aufhielt. „Willst du den Wallach zu Fuß einholen?“ Sie lachte und band ein anderes Pferd los, das ebenfalls in der Nähe der Jurte geweidet hatte. Mit einer verblüffenden Geschwindigkeit saß Tscha im Sattel.

„Ich … ich hab noch nie auf einem Pferd gesessen“, rief Julian verzweifelt.

„Wie bitte? Das kann ich mir kaum vorstellen. Aber was soll’s? Komm!“, antwortete Tscha und zog Julian aufs Pferd.

„Gut, dass ich schon mal Reitstunden hatte“, grinste Kim. Sie verfrachtete Kija wieder vorne in ihre Jacke und schnappte sich ein zweites Pferd. Leon kletterte hinter ihr in den Sattel.

„Das gehörte nicht zu meinem Plan“, murmelte er. „Ich wollte eigentlich im allgemeinen Durcheinander zu Fuß abhauen. Aber bitte sehr …“

Schon ritt Tscha los. Julian klammerte sich verzweifelt an ihr fest.

„Das geht nicht gut, das geht nicht gut“, stammelte

er. Nur mit großer Mühe konnte er sich auf dem Pferd halten.

Bevor die Wachen ihnen folgen konnten, waren die Freunde aus dem Lager geritten. Zunächst bewegten sie sich tatsächlich in die Richtung, in die Qutulas Wallach gelaufen war. Hinter einem Hügel bog Tscha jedoch nach Süden ab.

„Unsere Tiere sind ganz schön langsam“, bemängelte sie.

„Mir reicht das Tempo!“, entgegnete Julian, dem vom Reiten inzwischen sämtliche Knochen wehtaten.

Kim und Leon ritten nun genau neben ihnen.

„Dein Plan war richtig gut“, lobte Tscha Leon. „Wir haben es geschafft!“

„Wohin willst du uns führen?“, fragte Leon. „Kommen wir hier zum Ordos-Gebiet?“

Tscha nickte. Dann warf sie einen Blick zurück. „Oh nein!“, rief sie. „Wir werden verfolgt. Offenbar haben die Wachen unseren Trick durchschaut!“

Wie zur Bestätigung schwirrte im selben Moment ein Pfeil dicht an ihrem Kopf vorbei.

Tscha beugte sich über ihr Pferd und trieb es an. Aber sie waren zu langsam. Die Verfolger kamen rasch näher.

„Sie haben uns gleich!“, schrie Kim. „Wir müssen uns verstecken!“

„Da drüben ist ein kleiner Wald!“, rief Julian. „Vielleicht können wir uns dort verbergen!“

Tscha lenkte das Pferd dorthin. Mit nur hundert Metern Vorsprung gelangten sie zum Waldrand. Sobald sie die ersten Bäume erreicht hatten, zügelte Tscha ihr Pferd und glitt aus dem Sattel. Sie riss den verdutzten Julian vom Pferd und gab dem Tier einen Klaps aufs Hinterteil. Das Tier stob davon. Kim und Leon folgten Tschas Beispiel.

Dann versteckten sich die vier hinter Bäumen. Fast im selben Augenblick stürmten die Verfolger heran. Sie ritten an den Freunden vorbei und jagten den herrenlosen Pferden hinterher.

„Dieser Plan war auch nicht schlecht“, lobte Leon Tscha.

„Allerdings“, stimmte Julian zu und rieb seinen schmerzenden Hintern. „Andererseits haben wir jetzt keine Pferde mehr. Wie soll es weitergehen?“

„Lasst uns erst einmal ein Versteck suchen“, schlug Kim vor. „Wer weiß, ob die Soldaten unseren Trick nicht längst durchschaut haben. Sie können jeden Moment zurückkommen!“

Unter Tschas Führung suchten sie einen Unterschlupf. Nach wie vor regnete es stark. Schließlich krochen sie in ein dichtes Gebüsch. Dort war der Boden trocken. Ein Dach aus Blättern schützte die Freunde.

„Und was jetzt?“, wollte Julian noch einmal wissen.
„Schlafen, einfach nur schlafen“, murmelte Leon. „Morgen sehen wir weiter. Hauptsache, wir sind erst einmal in Sicherheit.“ Er legte seinen Kopf auf den Unterarm und schloss die Augen. Eine Minute lang lauschte er noch dem monotonen Rauschen des Regens, dann nickte er ein. Kurz darauf waren auch seine Freunde eingeschlafen.

Ikh Koring – das große Tabu

Kija weckte die Freunde am nächsten Morgen in aller Frühe. Maunzend lief sie von einem zum anderen und stupste sie so lange mit ihrer kalten Schnauze ins Gesicht, bis alle wach waren.

„Habe ich Hunger!“, rief Leon und streckte sich. Er fühlte sich grässlich nach der Nacht in den feuchten Klamotten. Vorsichtig spähte er aus dem Gebüsch und stellte erleichtert fest, dass es aufgehört hatte zu regnen.

Kim pikste mit dem Zeigefinger auf ihren Bauch. „Ich auch. Was gibt's zum Frühstück? Schinken mit Speck? Müsli? Frisch gepressten Orangensaft?“

Julian verdrehte die Augen. „Bevor wir ans Essen denken, sollten wir uns wirklich überlegen, wie wir weiter vorgehen. Wir können schließlich nicht ewig in diesem Wald bleiben.“

Sie begannen, alle durcheinander zu reden. Jeder hatte einen anderen Vorschlag.

„Wir sollten in der Nähe des Leichenzuges bleiben“, sagte Kim schließlich.

„Wieso denn das? Ich dachte, ihr seid froh, Qutula und seinen Männern entkommen zu sein!“, entfuhr es Tscha.

„Ja, klar“, entgegnete Kim. „Aber wir wollen wissen, wo der Khan beerdigt wird und …“

Scharfe Blicke von Julian und Leon stoppten sie. Kim biss sich auf die Unterlippe. Beschämt sah sie zu Boden. Jetzt hatte sie sich doch glatt verplappert.

„Es ist nämlich so“, sprang Leon rasch ein. „Wir haben beobachtet, dass Qutula etwas von den Grabbeigaben gestohlen hat.“

Erstaunt riss Tscha die Augen auf. „Das kann doch nicht wahr sein!“

„Aber es stimmt“, fuhr Leon fort. „Wir wollen verhindern, dass er sich noch mehr nimmt. Wer weiß, was er alles im Schilde führt. Also wollen wir in der Nähe des Zuges bleiben, verstehst du?“

Langsam nickte Tscha. „Das hätte ich Qutula niemals zugetraut. Es gibt kein größeres Vergehen, als sich am Besitz des Khans zu vergreifen. Habt ihr Beweise für den Diebstahl?“

„Beweise nicht“, erwiderte Kim kleinlaut. „Aber ich habe Qutula mit meinen eigenen Augen beim Stehlen beobachtet. Wenn er das abstreitet, würde seine Aussage gegen meine stehen.“

„Das ist schlecht“, bemerkte Tscha. „Und nun wollt

ihr wirklich diesen gefährlichen Mann auf eigene Faust verfolgen?"

„Ja", antwortete Kim entschlossen.

Tscha seufzte. „Ich werde euch begleiten. Mir persönlich ist zwar egal, was aus den Schätzen des Khans wird. Er war nie mein Herrscher, denn er hat mein Volk unterjocht, und ich musste ihm als Sklavin dienen!"

„Wenn Qutula uns entdeckt, wird er uns töten!", wandte Julian jetzt ein.

„Wir dürfen uns eben nicht erwischen lassen", sagte Kim und begann, auf einem Grashalm zu kauen.

Brummelnd gab Julian nach. Ihm behagte die Vorstellung überhaupt nicht, wieder in der Nähe des Leichenzuges reisen zu müssen. Auf der anderen Seite wollte er natürlich auch wissen, wo das Grab des Dschingis Khan lag. Es war auch ihm sonnenklar, dass sie deswegen den Leichenzug nicht aus den Augen verlieren durften.

„So, das wäre also geklärt", sagte Kim jetzt. Sie kaute noch immer auf dem Grashalm. „Ich habe wirklich ziemlichen Hunger. Wenn ich nicht bald etwas zu mampfen bekomme, werde ich noch zum Schaf und beginne zu grasen!"

Tscha verschwand im Wald und kehrte kurz darauf mit einigen Wurzeln, Pilzen und etwas Moos zurück.

„Das sollen wir doch nicht etwa essen“, sagte Julian und verzog das Gesicht.

Tscha grinste. „Wenn es dir nicht passt, musst du selbst etwas Essbares suchen gehen“, sagte sie und stopfte sich einen Pilz in den Mund.

Eine halbe Stunde später lagen die Kinder einigermaßen satt auf der Kuppe eines Hügels und spähten auf Qutulas Lager hinab. Dort herrschte Aufbruchstimmung. Wenig später setzte sich der lange Zug wie ein schwerfälliger Wurm in Bewegung. Er kam nur langsam voran, denn der Boden war noch immer aufgeweicht. So hatten die Freunde kaum Schwierigkeiten, den letzten Weg des großen Khans zu verfolgen.

Der Schamane ritt stets in der Nähe des Leichenwagens. Seine Kommandos zischten über den Tross wie Peitschenschläge. Einen oder zwei Kilometer bewegte sich der Zug am Fluss entlang. Der Huang-ho hatte sich noch nicht beruhigt. Er schäumte genauso wild wie am Vortag. Nirgendwo gab es eine Furt, wo der Tross ohne Gefahr den Fluss überqueren konnte.

Es begann wieder zu regnen. Zuerst waren es feine Bindfäden, doch schnell wurde daraus erneut eine wahre Sintflut. Der Zug blieb erneut im Schlamm stecken. Es gab kein Vor und kein Zurück.

„Was wird Qutula jetzt anordnen?“, überlegte Kim

laut. Kija hatte sich wieder in ihrer Jacke versteckt. Nur ihre Nase, die großen grünen Augen und die spitzen Ohren waren zu sehen. Die Freunde sahen, dass Qutula den Leichenwagen erklommen hatte und sich alle um ihn versammelten.

„Scheint, als wolle der Schamane etwas verkünden. Wir müssen näher ran“, sagte Leon und wischte sich über die Stirn. Schon pirschte er auf allen vieren auf den Tross zu. Seufzend folgten ihm die anderen.

Kija schlüpfte aus Kims Jacke, holte Leon mühelos ein und setzte sich an die Spitze des Erkundungstrupps. Ihr Schwanz stand kerzengerade nach oben und glich einer Spülbürste. Die Katze führte die Freunde zu einem Felsen, der ganz in der Nähe des Leichenwagens lag und ihnen guten Schutz bot. Von dort konnten sie alles hören und sehen, was sich am Leichenwagen abspielte.

„... und ich sage euch, es ist ein Zeichen“, hörten sie Qutula rufen. „Die Götter haben uns ein Zeichen gegeben! Nun ist es an uns, dieses Zeichen richtig zu deuten, allmächtiger Köke Tngri!“ Er machte eine Pause und sah düster auf die Menge herab, die ihn umringte.

„Was sollen wir tun?“, rief jemand. „Du bist es, der mit den Göttern redet, Qutula!“

Der Schamane richtete seinen Blick auf einen unbestimmten Punkt am Horizont. Sein Gesicht wirkte schmal und hohlwangig. Er sah aus, als läge eine unendlich schwere Last auf seinen Schultern. Aber in seinen Augen brannte ein Feuer. Er schwieg.

„Sag es uns, Qutula!“, rief einer der Diener. „Oder ist es der Geist des Khans selbst, der uns ein Zeichen gibt? Hat der Khan den großen Regen geschickt, damit wir nicht mehr weiterkommen?“

„Ja“, stimmte ihm ein Soldat zu. „Will uns der Khan sagen, dass er nicht mehr weitermag? Will er vielleicht an Ort und Stelle bestattet werden?“

Mit einer ärgerlichen Handbewegung brachte der Schamane die Männer zum Schweigen. „Ruhe!“, befahl er. „Ich werde in die Hügel gehen und mit den Göttern sprechen. Dann werde ich euch mitteilen, was sie von uns wollen. Lasst mich jetzt allein.“

Die Menge wich ehrfürchtig zurück. Qutula sprang vom Wagen. Jemand brachte ihm seine Trommel. Dann lief der Schamane los – und zwar genau auf die Freunde zu. Sie machten sich hinter dem Felsen ganz klein und hielten die Luft an. Gebete murmelnd lief Qutula an ihnen vorbei, ohne sie zu bemerken.

Die Freunde sahen sich an.

„Möchte mal wissen, was der mit den Göttern besprechen will“, sagte Julian misstrauisch. „Das ist bestimmt wieder nur einer seiner Tricks.“

„Oh nein“, widersprach Tscha. „Qutula kann mit den Göttern sprechen. Das hat er schon oft bewiesen.“

Julian antwortete darauf lieber nichts.

„Was ist? Wollt ihr hier festwachsen?“, fragte Kim. „Ich bin dafür, dass wir Qutula unauffällig folgen.“

Der Schamane lief in die Hügel hinein. Die Freunde ließen ihm fünfzig Meter Vorsprung. Sie befürchteten, Qutula in dem unübersichtlichen Gelände aus den Augen zu verlieren. Doch immer wieder fanden sie die Fußabdrücke des Schamanen im feuchten Boden. So blieben die Freunde dem Verdächtigen dicht auf den Fersen.

Qutula kletterte auf einen großen Felsen. In seinem langen Mantel wirkte die große, hagere Gestalt wie ein unheimlicher, schwarzer Vogel, der seine Schwingen ausgebreitet hat.

Ein Bote des Todes, dachte Julian, den der Anblick ängstigte. Mit seinen Freunden ging er in Deckung.

Jetzt legte Qutula den Mantel ab, zog dann auch noch das Hemd aus. Der kalte Regen prasselte auf seine Haut. Qutula reckte die Arme in den Himmel und begann zu singen. Immer wieder sang er denselben Vers ohne Pause. Der Gesang steigerte sich in ein Brüllen, dann in ein hysterisches Kreischen. Der Schamane wiegte den Oberkörper hin und her, zunächst langsam, dann immer schneller. Schließlich zerkratzte er seine

Brust mit den Fingernägeln. In die Wassertropfen, die über seinen nackten Oberkörper liefen, mischten sich dünne Rinnsale aus Blut. Plötzlich sank der Schamane auf die Knie. Seine Arme hingen schlaff herab. Der Gesang verstummte. Nur der Regen war noch zu hören. Mehrere Minuten verharrte Qutula in dieser Stellung, bis er sich abrupt aufrichtete, als sei er aus einem Traum erwacht. Mechanisch zog er sich an und marschierte zurück zum Tross, ohne die Kinder in ihrem Versteck zu bemerken.

Sobald Qutula den Wagen mit dem toten Khan erreicht hatte, versammelten sich seine Männer erneut. Die Freunde bezogen wieder ihren Posten und hörten mit.

„Ich habe mit den Göttern gesprochen", erklärte der Schamane. Seine Stimme klang müde und erschöpft. Alle starrten gebannt auf Qutula.

„Zunächst war mir nicht klar, was sie wollten", fuhr er fort. „Es waren viele Stimmen, bei der großen Etügen Eke, das sage ich euch. Aber dann, dann hörte ich eine Stimme besonders deutlich heraus. Und es war nicht irgendeine Stimme, die ich da vernahm." Qutula machte eine Kunstpause und ließ seinen Blick über die Köpfe der Zuhörenden schweifen. „Oh nein, es war nicht irgendeine Stimme … es war die unseres Khans!"

Ein Raunen ging durch die Menge.

„Ja!“, brüllte der Schamane. „Der Geist des herrlichen Gur Khan hat zu mir gesprochen! Und wisst ihr, was er zu mir gesagt hat?“ Qutula kostete die Spannung aus.

„Sag es uns, Qutula!“

„Unser Khan will hier in den Hügeln beerdigt werden, und zwar mitsamt seinen Schätzen. Der Regen war kein Zufall. Auch nicht, dass der Fluss Huang-ho plötzlich über die Ufer trat und uns daran hinderte, voranzukommen.“ Der Schamane schüttelte mehrmals den Kopf. „Nein, das alles waren Zeichen, die ich jetzt zu deuten verstehe. Es war die Macht des Khans. Er ließ den Regen fallen. Er ließ den Fluss anschwellen und über die Ufer treten.“

In der Menge wurde heftig getuschelt. Der Schamane hob eine Hand. Das Gemurmel erstarb.

„Also werden wir den Khan hier beerdigen“, sagte er. „In den Hügeln gibt es Höhlen, die sich für ein Grab eignen. Denn wir müssen unseren Herrscher nicht nur mit allen Ehren, sondern auch mit allen nur erdenklichen Schutzmaßnahmen bestatten. Niemand darf das Grab finden!“

Alle nickten. Die Freunde in ihrem Versteck sahen sich kurz an. Jetzt waren sie ganz nah dran!

Qutulas Stimme wurde kalt und schneidend. „Die Stelle, wo der Khan seine letzte Ruhestätte findet, wird zum *Ikh Koring*, zum großen Tabu. Jeder, der diese Stelle kennt, wird getötet. Niemand, der dieses Wissen in sich trägt, darf leben. Seid ihr bereit?“

Die Männer reckten ihre Fäuste in den grauen Himmel. Aus weit über tausend Kehlen drang ein lautes Ja.

„Also werden wir auch alle die töten, die zufällig unseren Weg kreuzen“, fuhr Qutula fort. „Auch ihnen wird die Ehre zuteil, zu sterben und dem Khan im Jenseits dienen zu dürfen!“

Julian ließ seine Stirn gegen den kühlen Fels sinken. „Was für ein Wahnsinn“, murmelte er fassungslos.

Währenddessen gab Qutula neue Befehle. Er ordnete an, den Khan auf einen kleineren Wagen umzubetten, der auf dem matschigen Untergrund besser zu manövrieren war. Auch die Schätze wurden auf andere Karren verteilt. Dann bog die Karawane von ihrem ursprünglichen Weg ab und zog Richtung Osten. Den ganzen Tag marschierten die Soldaten und Diener, verfolgt von vier Kindern und einer Katze.

Endlich hörte es auf zu regnen. Für einen Moment schien sogar die Sonne auf das hügelige Grasland. Allmählich veränderte sich die Landschaft. Die Hügel machten einer schroffen Karstlandschaft Platz. Berge reckten sich in die Wolken.

„Seht nur, hier gibt es tatsächlich überall Höhlen“, erkannte Leon.

„Das stimmt“, bestätigte Julian. „Und wisst ihr was? Mir kommt die Gegend ziemlich bekannt vor.“

Kim sah ihn überrascht an. „Du willst doch damit nicht etwa sagen, dass wir …“

„Doch“, sagte Julian so leise, dass Tscha ihn nicht hören konnte. „Ich könnte wetten, dass wir zu Beginn unseres Abenteuers genau hier gelandet sind! Wir sind im Ordos-Gebiet!“

Jetzt mischte sich auch Leon ein. „Du könntest Recht haben!“

„He, was habt ihr da zu flüstern?“, rief Tscha.

„Oh, nichts“, sagte Julian schnell und wechselte das Thema. „Hast du noch ein paar von deinen leckeren Pilzen?“

„Ja“, sagte Tscha. „Wir sollten uns sowieso einen Platz für die Nacht suchen. Es wird bald dunkel. Und seht nur: Der Tross hat angehalten!“

Die Freunde beobachteten, wie Qutulas Männer ihre Jurten aufbauten.

„Was gäbe ich jetzt für ein Zelt“, sagte Tscha leise. Sie suchte eine windgeschützte Mulde und setzte sich hinein.

„Kommt“, rief sie ihren Freunden zu. „Hier können wir es die Nacht über aushalten.“

Kim, Julian, Leon und Kija gesellten sich zu dem Mädchen. Tscha teilte die wenigen Nahrungsmittel, die sie noch hatte. Misstrauisch beäugte Kija das karge Mahl. Dann verschwand sie in weiten Sätzen zwischen den Felsen. Kurz darauf drang ein schrilles Fiepen an die Ohren der Freunde. Offenbar hatte die Katze eine Maus erwischt.

„Kija hat es gut“, sagte Kim und rang sich ein müdes Lächeln ab. „Sie findet überall etwas zu fressen.“

„Wenn das so weitergeht, begebe ich mich bald auch auf die Mäusejagd“, antwortete Leon, dessen Magen laut knurrte.

„Bestimmt wird der Khan morgen beerdigt“, vermutete Tscha. „Und wenn alles mit rechten Dingen zugegangen ist und sich niemand an den Schätzen vergriffen hat, ist unsere Aufgabe erfüllt. Dann brauchen wir uns nicht mehr zu verstecken. Aber niemand darf jemals erfahren, dass wir wissen, wo das Grab liegt. Sonst sind wir so gut wie tot.“ Plötzlich wurde Tscha sehr nachdenklich.

„Vielleicht finden wir ja sogar eine Yasun, der wir uns anschließen dürfen“, sagte sie bedrückt. Sie sah in den Himmel, an dem sich die ersten Sterne zeigten.

Kim musterte ihre mongolische Freundin aufmerksam. Tschas Augen glänzten feucht.

„Du denkst an deine Familie, nicht wahr?“, sagte Kim vorsichtig. Sie rückte näher an Tscha heran und legte einen Arm um ihre schmalen Schultern.

„Bestimmt sind sie alle tot“, wisperte Tscha. „Sie sind da oben beim großen Himmlischen, beim Köke Tngri. Er passt auf sie auf. Vielleicht sind sie jetzt glücklich.“ Sie faltete die Hände und begann, ein Gebet zu murmeln.

Kim ließ den Kopf auf Tschas Schulter sinken und hielt das zierliche Mädchen fest in ihren Armen.

Die unheimliche Stille

Am Morgen kletterte die Sonne über die Berge und übergoss das Grau ihrer Felsen mit einem zarten Rosa. Über dem Bergland lag eine tiefe Stille.

Es ist schon fast zu ruhig, dachte Julian, der als Erster der Freunde erwacht war. Eigentlich müsste man Geräusche vom nahe gelegenen Lager hören: Qutulas Kommandos oder wenigstens das Wiehern eines Pferdes. Getrieben von einer merkwürdigen Unruhe, rappelte sich Julian auf. Rasch verließ er die Mulde und warf einen Blick auf den Lagerplatz.

Seine böse Vorahnung wurde bestätigt: Der Platz war leer! Julian fuhr herum und suchte die Gegend mit den Augen ab. Nichts, der ganze Tross war verschwunden. Kein Qutula, keine Diener oder Soldaten, keine Karren und Tiere, kein Wagen mit dem toten Khan. Wie war das möglich? Leise fluchend flitzte Julian zu seinen Freunden und weckte sie.

„Aber wo sind sie hin?“, fragte Kim schlaftrunken.

„Vermutlich sind sie in der Nacht weitergezogen,

während wir gepennt haben", ärgerte sich Leon. „Unglaublich, dass wir das nicht gehört haben! Wir müssen geschlafen haben wie Tote. Aber vielleicht können wir ihre Spuren verfolgen."

Sofort rannten die Freunde zu der Stelle, wo Qutula gestern das Lager hatte aufschlagen lassen.

„Hier!", rief Leon. „Hier sind Spuren von Rädern. Und Abdrücke von Pferdehufen!"

Die Freunde folgten den Spuren etwa einen Kilometer.

„Hier riecht es nach Feuer", sagte Tscha.

Der Geruch wurde stärker. Als sie um eine Felsnase bogen, standen sie vor den verkohlten Resten zahlreicher Karren.

„Sie haben die Wagen verbrannt … was soll das?", fragte Kim unsicher.

„Ich habe einen Verdacht", bemerkte Tscha jetzt. „Qutula hat den Khan in der vergangenen Nacht bestatten lassen."

Ihre Freunde sahen sie entgeistert an. „Was? Hier?"

Tscha lächelte nachsichtig. „Wohl kaum. So unvorsichtig wäre Qutula niemals. Jeder würde das Grab sofort finden. Sie haben hier nur die Packwagen entsorgt, weil sie die nicht mehr brauchten …"

„Was willst du damit sagen?", fragte Julian, der sehr wohl ahnte, was jetzt kommen würde.

„Sie sind tot", sagte Tscha tonlos. „Die Diener, die Soldaten, Qutula ... sie alle!"

„Nein, das glaube ich nicht", rief Julian. Er wollte es einfach nicht wahrhaben. „Qutula und seine Leute sind bestimmt weitergezogen."

„Aber warum haben sie dann all ihre Wagen verbrannt?"

„Weil, weil ..." Julian rieb sich die Schläfen. „Vielleicht waren diese Karren ja nur kaputt. Und mit den anderen sind sie weitergefahren."

Julian spürte, dass ihm keiner Glauben schenkte. Er konnte es seinen Freunden nicht verübeln. Denn er selbst fand seine Theorie auch wenig überzeugend.

Nach einer Weile wandte sich Tscha wortlos um und begann, die direkte Umgebung zu untersuchen. Plötzlich bückte sie sich.

„Kommt mal her!", rief sie.

Als die Freunde neben ihr standen, sagte sie: „Seht euch das an!"

Nun beugte sich auch Leon hinab. Ein dunkler Fleck zeichnete sich deutlich auf dem Stein ab.

„Ist das Blut?", fragte er Tscha.

Sie nickte. „Da vorn ist noch ein Tropfen. Und da noch einer."

Eine dunkle Spur kleinerer und größerer dunkler Kreise führte zu einer Höhle.

„Oh mein Gott“, entfuhr es Leon, als sich seine Augen an das Halbdunkel gewöhnt hatten. Überall lagen tote Tiere herum. Pferde, Kamele, Schafe.

„Die Menschen“, stieß Kim hervor. „Wo sind die ganzen Menschen?“

Wieder herrschte Schweigen. Entsetzt sank Kim auf die Knie. Kija lief zu ihr und stupste sie an. Gedankenverloren nahm Kim sie auf den Arm und begann, sie mechanisch zu streicheln. Dabei spürte sie, dass ihre Hände zitterten. Kija maunzte leise und sah Kim mit ihren geheimnisvollen Augen an.

„Ein Albtraum“, flüsterte Kim. „Das alles kommt mir vor wie ein einziger Albtraum.“

„Es ist nicht gesagt, dass die Diener und Soldaten alle tot sind“, sagte Julian, der sich immer noch gegen die grausige Vorstellung wehrte. „Und es ist auch nicht gesagt, dass der Khan hier bestattet wurde.“

Leon gab sich einen Ruck. Es machte keinen Sinn, sich Vermutungen hinzugeben. Sie brauchten Fakten.

„Lasst uns noch einmal die Reste der Karren anschauen“, schlug er vor. „Den Leichenwagen müssten wir eigentlich wiedererkennen.“

„Ja, wenn Qutula auch diesen Karren verbrennen ließ, haben wir Gewissheit, dass der Khan wirklich heute Nacht beerdigt wurde“, führte Kim den Gedanken zu Ende.

Wenig später gab es keine Zweifel mehr. In den verkohlten Trümmern stießen die Freunde auf Reste der gewaltigen Räder des Karrens, auf dem der tote Khan transportiert worden war.

„Er ist wirklich hier bestattet worden“, wisperte Kim. Ihr Blick schweifte über das Bergland. „Aber wo genau?“

„Bestimmt in einer der Höhlen“, vermutete Julian.

Kim lachte gequält auf. „Wahrscheinlich. Aber in welcher? Hier gibt es viele Höhlen!“

Julian zuckte mit den Schultern. „Qutula wird keinen Wegweiser gemalt haben. Mich interessiert aber noch mehr, was aus ihm, den Dienern und den Soldaten geworden ist.“

„Sie sind spurlos verschwunden“, stellte Leon fest. „Sie können tot sein, aber ebenso gut am Leben.“ Tief in seinem Inneren war er froh, dass sie keine Gewissheit über das Schicksal von Qutula und seinen Männern hatten.

„Sie sind tot“, wiederholte Tscha. „Qutula hat es doch angekündigt!“

„Wir wissen es aber nicht genau, verdammt noch mal!“, brüllte Leon unvermittelt.

Tscha blickte ihn erschrocken an. „Ist ja schon gut“, sagte sie schnell.

Leon hob die Hände. „Tut mir leid, ich wollte dich

nicht anschreien. Aber wir sollten uns darauf konzentrieren, was wir wirklich sehen – und nicht darauf, was wir ahnen. Sonst werden wir noch verrückt!“

„Du hast Recht“, stimmte Kim ihm zu. „Bleiben wir bei den Fakten. Wir müssen davon ausgehen, dass der Khan irgendwo hier beerdigt wurde. Wir sollten das Grab suchen!“

Julian kaute auf seiner Unterlippe. „Und wo, bitte schön, willst du anfangen?“

„Das weiß ich auch noch nicht“, erwiderte Kim. „Aber ich will es wenigstens versuchen.“ Sie trat dicht an Julian heran und flüsterte ihm ins Ohr: „Deswegen sind wir schließlich hier, oder?“

Julian nickte.

Tscha baute sich vor Kim auf. Ihre Augen funkelten, als sie fragte: „Warum willst du das tun? Du darfst die Ruhe der Toten nicht stören! Das bringt Unglück über uns alle!“

Kim lächelte sie versöhnlich an. „Das habe ich nicht vor. Aber was ist, wenn Qutula doch nicht tot ist und die Schätze des Khans gestohlen hat? Was ist, wenn der Schamane das Grab entweiht hat? Sollten wir das nicht überprüfen?“

Tscha spielte nervös mit ihren Haaren. Offensichtlich focht sie in ihrem Inneren einen schweren Kampf mit sich aus.

„Also gut“, sagte sie schließlich. „Ich bleibe bei euch. Mögen die Götter mir verzeihen.“

„Gut“, sagte Kim erleichtert. „Du kannst von uns am besten Spuren lesen. Wo sollen wir deiner Meinung nach anfangen?“

Tscha ließ ihren Blick über die Berge schweifen. Sie zögerte.

Kija nahm ihr die Entscheidung ab. Hatte sie bisher mit gespitzten Ohren und neugierigen Augen ruhig dagesessen, kam jetzt Leben in ihren grazilen Körper. Elegant lief die Katze auf eine Felswand zu.

Die Freunde rannten hinterher. Und als sie nah genug an der Wand waren, erkannten sie einen gezackten Riss, der sich durch den Stein zog. Er war breit genug, um hindurchzuschlüpfen.

„Meint ihr, wir sollen da rein?“, fragte Julian. Seine Stimme klang eine Spur zu ängstlich.

„Na klar“, gab Kim zurück und wollte schon durch den Spalt schlüpfen.

„Nicht so eilig!“, rief in diesem Moment eine ihnen bekannte Männerstimme. Sie drehten sich blitzschnell um – und erstarrten.

Alte Bekannte

„Nett, euch wiederzusehen“, rief Mangu, der Sklavenhändler. Er stand nur wenige Meter hinter ihnen und lächelte sie an. Neben ihm hatten fünf Männer ihre Bögen gespannt. Die Pfeilspitzen deuteten auf die Köpfe der Kinder.

„Tja, so schnell sieht man sich wieder“, sagte Mangu im Plauderton. „Aber ich habe das Gefühl, dass wir dasselbe Ziel verfolgen, oder?“

„Das glaube ich kaum“, stieß Kim hervor. „Du willst doch immer nur rauben und Menschen verkaufen!“

Mangus Lächeln verschwand.

„Soll ich die freche Göre töten?“, fragte einer seiner Männer.

Mangu schüttelte den Kopf. „Nein. Ich brauche sie noch.“ Zu den Gefährten sagte er: „Ihr habt den Leichenzug mit dem Khan genauso verfolgt wie ich. Denn auch ihr seid auf der Jagd nach dem Grabschatz, beim *Manaqan*! Das hätte ich euch gar nicht zugetraut.“

Die Freunde schwiegen. Kim machte einen vorsichtigen Schritt zurück und spürte in ihrem Rücken den Spalt. Konnten sie blitzschnell darin verschwinden? Oder würden sie dann augenblicklich von den Pfeilen durchbohrt werden?

„Bleib, wo du bist“, herrschte Mangu sie an, der offenbar ihre Gedanken lesen konnte. „Noch ein Schritt, und du bist tot!“

Kim nickte andeutungsweise.

„Ja“, fuhr Mangu fort. „Ihr habt den Tross nicht aus den Augen gelassen. So wie ich. Aber dann hatte Qutula die verrückte Idee, den Khan heimlich in der Nacht zu beerdigen. Hier irgendwo in einer dieser Höhlen. Ich muss zugeben, dass uns dieser Moment entgangen ist. Ihr seid mir deshalb sogar einen Schritt voraus, vermute ich.“

Die Freunde sahen sich verwundert an. Was meinte er damit?

„Denn ihr wisst, wo der Khan begraben wurde. Schließlich habt ihr zu den Dienern gehört, die den Khan auf seiner letzten Reise begleiten sollten“, sagte Mangu ruhig. „Irgendwie muss es euch gelungen sein, den scharfen Schwertern der Soldaten zu entgehen. Ihr seid jetzt die Einzigen, die wissen, wo das Grab liegt … mit all seinen Schätzen.“

„Nein, das wissen wir nicht“, riefen die Freunde entsetzt.

Mangu lachte laut auf. „Ihr erwartet doch nicht im Ernst, dass ich euch das glaube!“

„Doch, weil es die Wahrheit ist!“, schleuderte Kim ihm entgegen.

Der Sklavenhändler winkte ab. „Erzähl mir nichts. Aber dein Temperament ist wirklich beachtlich. Vielleicht könnte man es doch noch in die richtigen Bahnen lenken, vielleicht käme es auf einen Versuch an … Ich werde noch einmal darüber nachdenken, ob ich dich nicht doch heirate!“

„Niemals!“

Mangu legte einen Finger auf die Lippen. „Wir werden sehen, wie du darüber denkst, wenn ich ein reicher Mann bin.“ Als er die Blicke seiner Männer sah, korrigierte er sich rasch: „Wenn *wir* reiche Männer sind, wollte ich natürlich sagen. Bringt die Sklaven her. Wir werden hier unser Lager aufschlagen. Dann werden uns diese vier kleinen Helden zum Grabschatz führen.“

Zwei der Männer verschwanden. Mehrere Minuten verstrichen, in denen Julian seinen Blick über die Höhlenlandschaft wandern ließ. Plötzlich stutzte er. Die Höhle da oben kam ihm wirklich ausgesprochen bekannt vor. Er sah genauer hin. Doch, unverkennbar:

Das war die Höhle, in der Tempus sie in die Welt des Dschingis Khan entlassen hatte! Julian hatte sich die Form des Höhleneingangs genau eingeprägt: ein ovales

Loch mit den beiden „Zähnen“, wie Kim sie genannt hatte.

Gerade als er seine Freunde leise darüber informieren wollte, kamen die beiden Männer von Mangu mit zehn weiteren Kriegern zurück. Diese trieben neben einigen Packtieren auch vier Sklaven, zwei Erwachsene und zwei Kinder, vor sich her.

Julian erkannte, dass es sich bei dem männlichen Sklaven um Alach handelte, den sie am Anfang ihres Abenteuers kennengelernt hatten. Der Junge wollte gerade die Hand zum Gruß heben, als ein Schrei ertönte: „Vater! Mutter!“

Tscha rannte auf die kleine Gruppe zu und sprang in Alachs Arme. Die Frau und die Kinder umringten die beiden.

Mit offenen Mündern starrten sich Kim, Julian und Leon an.

„Tscha hatte immer geglaubt, dass ihre Familie tot sei“, sagte Leon fassungslos. „Und jetzt das!“

Nicht einmal Mangus Krieger wagten, die Familie auseinanderzureißen. Verlegen standen sie daneben und wussten nicht, wo sie hinschauen sollten. Tscha, ihre Eltern und Geschwister standen in stiller Umarmung.

„Mann, ich freue mich für Tscha“, sagte Julian gerührt. „Wer hätte das gedacht!“

Kim nickte. Sie hatte Kija auf den Arm genommen und streichelte ihren Rücken. Behaglich schnurrte die Katze. Kim sah in den blank gefegten Himmel.

Wenn es diesen großen, unendlich mächtigen Köke Tngri wirklich gibt, dachte Kim, würde er auf diese kleine Familie ab jetzt sehr gut aufpassen und sie nie wieder trennen.

„Jetzt reicht's", unterbrach Mangu Kims Gedanken. „Schluss mit dem Theater!" Mit wenigen Schritten war er bei Tscha und riss sie von ihren Eltern fort.

„Du mieser Dreckskerl!", schrie Kim. „Lass sie los!"

Anerkennend pfiff Mangu durch die Zähne. „Dieses Temperament! Wirklich beachtlich!"

„Jetzt wirst du mein Temperament kennenlernen!", brüllte Kim und wäre auf Mangu losgestürmt, wenn Leon sie nicht festgehalten hätte.

„Bleib ruhig", sagte er leise. „Das bringt nichts. Wir müssen die Nerven behalten, sonst wird alles nur noch schlimmer!"

Widerstrebend gab Kim nach. Sie wusste, dass Leon Recht hatte. „Okay", murmelte sie, „ich bleibe ganz friedlich. Aber bei Mangu fällt mir das immer verdammt schwer."

„Das kann ich gut verstehen", pflichtete Leon ihr bei.

Der Sklavenhändler sprang auf einen Stein und rief

allen zu: „Nachdem diese rührende Wiedersehensfeier beendet ist, kommen wir zum Geschäftlichen“, sagte er grinsend. „Unsere Freunde werden uns jetzt zeigen, wo das Grab des Dschingis Khan ist.“

„Wir wissen es aber nicht!“, beharrte Kim.

Mangu bedachte sie mit einem zornigen Blick. „Du bist wirklich wahnsinnig störrisch – wie mein Lieblingskamel. Schön, temperamentvoll, aber einfach unglaublich störrisch.“

Kim verdrehte die Augen. „Habt ihr das gehört? Er vergleicht mich mit einem Kamel!“

„Mit meinem Lieblingskamel“, verbesserte Mangu sie, als würde es das wesentlich besser machen. „Aber was soll's? Ich hoffe nur, dass deine Freunde schlauer sind als du.“ Mit einer eleganten Geste zog er einen Säbel aus der Scheide. „Ich werde euch den Göttern sehr nahebringen, wenn ihr nicht spurt!“, zischte der Sklavenhändler und ließ den Säbel auf Kopfhöhe durch die Luft sausen. „Haben wir uns verstanden?“

Mangu starrte die Freunde der Reihe nach an. Als der Sklavenhändler seinen wütenden Blick auf Julian richtete, machte dieser einen Schritt vorwärts.

„Gut, wir werden euch zu dem Grab führen“, sagte er, als wäre es das Leichteste der Welt. Die fragenden Gesichter seiner Freunde ignorierte er. Julian hatte einen Plan.

Im Stollen

„Sehr gute Idee! Endlich mal einer, der vernünftig ist“, lobte Mangu. „Dann lasst uns keine Zeit verlieren. Der Kleine geht voran!“ Er gab Julian einen aufmunternden Klaps.

Julian lief los. Er marschierte einfach in die nächste Höhle. Sein Herz schlug ihm bis zum Hals. Kim und Leon schlossen zu ihm auf. Kija saß wieder einmal vorn in Kims Jacke.

„Was hast du vor?“, raunte Kim ihm zu.

„Ganz einfach: Ich hoffe, dass wir den Mistkerl in diesem Höhlengewirr abschütteln können. Die Höhle, die uns nach Hause bringt, ist nicht weit weg. Ich habe sie vorhin entdeckt!“

„Wirklich?“, fragte Leon begeistert.

„Nicht so laut“, zischte Julian. „Ja, ich habe sie gerade gesehen. Und ihr erinnert euch: Unsere Höhle war Teil eines regelrechten Labyrinths.“

Kim grinste. „Wir könnten uns darin verkrümeln. Echt gut, dein Plan.“

„Mag sein, aber wir müssen erst einmal Abstand zu Mangu gewinnen“, bremste Julian sie.

„He, nicht so schnell da vorne!“, brüllte der Sklavenhändler, der mit seinen Leuten und den Sklaven gerade die Höhle betreten hatte.

Seufzend gehorchten die Freunde. Mangu trat an sie heran.

„Wartet gefälligst!“, rief er und befahl seinen Leuten, einige Fackeln zu entzünden.

Der Widerschein der Flammen tanzte über die Wände. Die Höhle wurde in ein gespenstisches gelbrotes Licht getaucht.

„Da vorn führt ein Stollen tiefer in den Berg hinein“, erkannte Mangu. „Ist das der richtige Weg, der uns zum Grab führt?“

Julian knabberte nervös auf seiner Unterlippe. „Ja, ich glaube schon“, sagte er.

Der Sklavenhändler packte ihn an der Schulter. Seine Augen schienen sich in die des Jungen zu bohren. „Was du *glaubst*, interessiert mich nicht! Sag mir, was du *weißt*! Und keine Tricks, ich warne dich!“

Julian wich das Blut aus dem Gesicht. „Ja, dort geht es zum Grab“, sagte er und betete still, dass der Gang keine Sackgasse war.

Mangu drückte ihm eine der Fackeln in die Hand. „Weiter!“

Julian stolperte vorwärts. Dabei rasten seine Gedanken. Sie mussten den Abstand zu Mangu und seinen Schergen irgendwie vergrößern. Vielleicht tat sich auch plötzlich ein Gang vor ihnen auf, in den sie abtauchen und wo sie sich verstecken konnten.

Der Stollen führte bergab und wurde immer schmaler. Sie mussten dicht hintereinanderher gehen. Von der Decke tropfte Wasser. Es roch nach feuchter Erde und Schimmel.

Wo ist eine Abzweigung?, überlegte Julian fieberhaft. Wo ist das dunkle Loch, in dem wir uns verkriechen können?

Nichts, nichts, nichts. Ein kohlenschwarzer Gang lag vor ihm. Und bestimmt würde er gleich enden, fürchtete Julian. Dann hatten sie ein echtes Problem. Etwas fiel auf seine Schulter. Instinktiv griff er danach. Julian spürte etwas zwischen seinen Fingern. Etwas Dickes und Haariges. Etwas, was krabbelte. Julian schrie auf und schleuderte das Tier weit von sich. Etwas Dunkles fiel zu Boden und verschwand auf vielen, flinken Beinen in einer Ritze im Felsen.

„Hast du das Grab gefunden?“, ertönte Mangus Stimme voller Hoffnung.

„Äh, nein“, gab Julian zu und versuchte, seine Atmung zu kontrollieren.

„Was ist?“, fragte Kim, die direkt hinter ihm lief.

„Da war ein Tier", raunte Julian ihr zu und schüttelte sich. „Vielleicht eine riesige Spinne oder so."

„Sehr nett", sagte Kim. „Komm, weiter!"

Und so drang die Gruppe immer tiefer in den Berg ein. Der Stollen beschrieb einen Bogen. Nun hörten sie ein Rauschen.

„Ein unterirdischer Fluss", ahnte Julian. „Vermutlich hat er im Laufe der Jahrhunderte diese Welt aus Gängen und Höhlen geschaffen, indem er sie aus dem Felsen spülte."

Im Fackelschein erkannte er jetzt etwas, was sein Herz höherschlagen ließ: eine Art Kreuzung. Hatten sie hier die Möglichkeit, Mangu und seine Leute abzuschütteln? Heimlich gab Julian seinen Freunden ein Zeichen. Sie nickten. Sie hatten verstanden.

Doch dann legte sich Kims Stirn in Falten. Ihr war etwas eingefallen.

„Was wird aus Tscha?", raunte sie Julian zu.

„Um die kümmern wir uns später", erwiderte Julian.

Sie erreichten die Mitte der Kreuzung.

„Jetzt!", zischte Julian und schleuderte seine Fackel auf Mangu, der erschrocken einen Satz zurück machte. Dann rannte Julian los. Seine Freunde waren dicht hinter ihm.

„Bleibt sofort stehen!", hallte die Stimme des Sklavenhändlers im Labyrinth wider.

Unbeirrt rannten die Freunde weiter. Plötzlich zischte etwas dicht an Leons Kopf vorbei und prallte gegen den Felsen. Entsetzt erkannte der Junge, dass ihn ein Pfeil nur haarscharf verfehlt hatte.

„Runter!", brüllte er seinen Freunden zu und warf sich zu Boden. Auch Kim und Julian gingen schnell in Deckung. Kija schlüpfte aus Kims Jacke. Sie machte einen Buckel.

„Keinen Schritt weiter oder ihr seid tot!", gellte Mangus Befehl durch den Stollen.

Er stürmte mit seinen Kriegern heran. Die Freunde gehorchten zitternd. Grobe Hände packten sie und rissen sie hoch.

„Das könnte euch so passen!", schrie Mangu die Freunde an. „Ihr wollt das Gold für euch allein. Aber nicht mit mir, nicht mit Mangu, merkt euch das! Das war die letzte Warnung!"

Es ist aus, dachte Julian bestürzt. Mein Plan ist gescheitert, wir sind verloren! Wie würde Mangu erst reagieren, wenn er erkannte, dass die Kinder gar nicht wussten, wo das Grab war?

In diesem Moment rettete Kija sie. Die kluge Katze fauchte laut und lief aufgeregt auf einer Stelle auf und ab.

„Was ist mit dem Vieh los?", wollte Mangu wissen.

Julian beugte sich zur Katze. Da glänzte etwas auf

dem Boden. Ein Goldstück!, erkannte Julian. Er hob es auf und hielt es dem Sklavenhändler triumphierend unter die Nase.

„Siehst du? Wir sind auf dem richtigen Weg!“, rief Julian.

„Dein Glück“, schnaubte Mangu und riss Julian das Goldstück aus der Hand. Die Wut wich aus seinem Gesicht. Blanke Gier stand jetzt in seinen Augen.

„Weiter den Stollen runter!“, ordnete er an.

Julian atmete tief durch. Er wollte sich bei Kija bedanken, doch die Katze war schon vorausgelaufen und führte den Trupp an. Unmittelbar hinter ihr rannte der Sklavenhändler.

Ein kleines Stück weiter sprang Kija in eine große unterirdische Kammer. Mangu hielt seine Fackel hoch über den Kopf. Licht flutete in den Raum. Der Sklavenhändler prallte zurück und stieß gegen die Freunde.

In der Mitte der Kammer stand ein Thron. Darauf saß der tote Khan, der die Eindringlinge anzuschauen schien. Vor dem Thron lagen Teppiche, auf denen Truhen, Töpfe, Kleidungsstücke und andere Gebrauchsgegenstände ausgebreitet waren. Auch die Waffen des Khans waren darunter – bis auf den Säbel, wie die Freunde schnell erkannten. Hinter dem Thron, tief in der Gruft, hockten zusammengesunkene Gestalten an

der Wand: Diener, die ihren Khan auf seiner letzten Reise ins Jenseits begleitet hatten.

Tscha drängte sich dicht an ihre Eltern. In ihren Gesichtern stand eine Mischung aus Angst und tiefer Ehrfurcht.

„Das Grab“, flüsterte Mangu ehrfurchtsvoll. „Wir haben das Grab gefunden!“

„Ja“, sagte Tscha leise. „Und wir haben die Ruhe des Gur Khan gestört. Das wird er uns nicht verzeihen! Seine Onggon werden ihn rächen!“

„Halt den Mund!“, blaffte der Sklavenhändler sie an. Er machte ein paar Schritte auf den Thron zu, hielt inne und zögerte einen Moment. Doch dann begann er, die Truhen zu untersuchen. Er schaute in die erste, danach in die zweite, schließlich in die dritte.

„Nichts!“, brüllte der Sklavenhändler. „Alles leer! Jemand ist uns zuvorgekommen. Der Schatz ist weg!“

Kim konnte sich ein Grinsen nicht verkneifen. Doch das verging ihr schnell, als Mangu auf sie und ihre Freunde zustürmte.

„Wer war das? Etwa ihr?“, rief Mangu außer sich vor Wut.

Die Freunde schüttelten erschrocken die Köpfe.

Zornbebend wandte sich der Sklavenhändler ab und durchwühlte erneut die Truhen des Khans.

Julians Blick glitt unauffällig nach hinten. Sollten sie

noch einmal versuchen, zu fliehen? Immerhin war Mangu gerade abgelenkt … Aber da waren schließlich noch seine Männer. Nein, beschloss Julian. Das war zu riskant.

Da fiel ihm etwas am Boden auf. Zunächst hatte er es für einen Wurm gehalten, aber jetzt, wo er genauer hinschaute, erkannte er eine Schnur. Julian bückte sich. Das sah aus wie eine Zündschnur, wie er sie beim Silvesterfeuerwerk schon gesehen hatte. Julians Nackenhaare sträubten sich. Was ging hier vor?

Julian erkannte, dass das eine Ende der Schnur in die Grabkammer hineinführte und das andere Ende in den Stollen. Mit einem Kloß im Hals folgte Julian der Schnur in die Kammer und fand ein fest verschnürtes, quadratisches Bündel. Julian wusste zwar nicht ganz genau, was das war, aber er hatte einen bösen Verdacht: Dieses seltsame Paket könnte Sprengstoff sein! Jetzt wusste Julian, dass sie hier rausmussten – und zwar so schnell wie möglich.

Das fliegende Feuer

„Das ist eine Falle“, sagte Julian mit fester Stimme. „Wir müssen hier raus.“

„Was? Wie kommst du darauf?“, brüllte Mangu den Jungen an.

Unbeeindruckt deutete dieser auf das Paket und die Zündschnur. „Sieh selbst.“

Der Sklavenhändler stürzte herbei.

„Beim großen Köke Tngri!“, entfuhr es ihm. „Ein Hinterhalt. Wir sollen wohl alle in die Luft fliegen! Aber wer immer das war, er hat einen Fehler begangen: Er hat die Rechnung ohne mich gemacht! Mir nach!“

Und zum Entsetzen von Julian und seinen Freunden gab Mangu den Befehl, der Zündschnur in das Stollenlabyrinth zu folgen.

„Diese Zündschnur wird uns zu den Grabräubern führen!“, zischte der Sklavenhändler und lachte glucksend. „Und dann werden wir abrechnen! Ab jetzt herrscht absolute Ruhe. Wir müssen die Kerle überraschen!“

Mangu ging voran. Er hielt seine Fackel dicht über dem Boden, um die Schnur nicht aus den Augen zu verlieren. Gleichzeitig achtete er genau darauf, der Schnur nicht zu nahe zu kommen, um sie nicht unabsichtlich in Brand zu setzen.

Hinter dem Menschenhändler folgten Leon, Julian, Kim und Kija, dann Tscha mit ihrer Familie und schließlich Mangus Krieger.

Niemand sagte ein Wort, alle schlichen geduckt und leise durch das finstere, nur von Mangus Fackel erleuchtete Labyrinth und achteten auf jedes noch so geringe Geräusch.

Nach einer Viertelstunde hob der Sklavenhändler die Hand. Alle blieben stehen. Vor ihnen fiel ein Streifen Tageslicht in den Gang, und jeder wusste, dass sie das Ende des Stollens erreicht hatten. Der Sklavenhändler bedeutete ihnen, hier zu warten. Dann wagte er sich auf Zehenspitzen ein Stück vor und verschwand hinter einer Ecke.

Kurz darauf tauchte er wieder auf und winkte die anderen heran. Gleichzeitig zog er seinen Säbel.

„Der Stollen ist hier zu Ende. Die Zündschnur führt ins Freie. Aber ich kann niemanden entdecken. Wir gehen jetzt raus", flüsterte der Sklavenhändler und befahl seinen Männern, ebenfalls die Waffen zu ziehen.

Hoffentlich geht das gut, dachte Julian bei sich. Was

würde sie erwarten? Ein Kampf? Vielleicht bot ein Kampf aber auch die Chance zur Flucht …

Mit einem mulmigen Gefühl setzte er einen Fuß vor den anderen.

Das Tageslicht nahm zu und blendete ihn. Dann traten sie aus dem Stollen. Nachdem sich ihre Augen an die Helligkeit gewöhnt hatten, sahen sie das gewohnte Bild: Berge und dahinter das wogende Grasland der mongolischen Steppe, die sich bis zum Horizont erstreckte.

„Die Schnur führt zu diesen Steinen dort“, erkannte Mangu. Sein Blick jagte über die umliegenden Felsen, die einem Feind perfekte Deckung bieten konnten. Plötzlich wirkte der Sklavenhändler unsicher.

„Bleibt dicht zusammen“, ordnete er an. Dann ging er auf die Steine zu, zwischen denen die Zündschnur verschwand. Gerade als der Sklavenhändler die Stelle erreichte, erschallte eine Stimme.

„Halt, oder du bist ein toter Mann!“

Plötzlich tauchten überall zwischen den Felsen Bogenschützen auf, die auf die Freunde, Mangu und die anderen angelegt hatten.

„Ach, du Schande“, entfuhr es Kim.

„Wir sind umzingelt“, sagte Leon entsetzt.

„Das, das meine ich doch gar nicht“, stammelte Kim. „Seht mal den Kerl da ganz rechts!“

Jetzt erkannten ihn auch Leon und Julian: Dort stand Qutula, der Schamane, den Säbel des Khans in seinen Händen!

Laut rief er: „Lasst die Waffen fallen!"

Mangu reagierte nicht. Ungläubig starrte er auf Qutula. Ein Pfeil bohrte sich wenige Zentimeter vor seinen Stiefeln in den Boden.

Nun kam Bewegung in den Sklavenhändler. Murrend warf er seinen Säbel weg. Seine Männer taten es ihm gleich.

„So sieht man sich wieder", sagte Qutula lachend und kam auf die Freunde zu. „Ihr seid geflohen, ihr habt euch meinen Befehlen widersetzt. Dabei wäre es eure Aufgabe gewesen, den Khan ins Jenseits zu begleiten. Aber das werden wir gleich nachholen. Der Khan soll auf eure Begleitung keinesfalls verzichten müssen."

Kim sah den Schamanen verächtlich an. „Und was wäre eigentlich deine Aufgabe gewesen? Doch sicher nicht, die Schätze des Khans zu rauben!"

„Nimm dich in Acht", giftete Qutula und hob den Säbel.

„Die Kleine hat ganz Recht", meldete sich Mangu zu Wort. „Das Grab wurde geplündert! Und dahinter steckst du!"

„Was regst du dich auf?", rief Qutula. „Was hast du

hier gesucht, wenn nicht die Schätze des Khans? Du bist nicht besser als ich. Ich bin dir nur zuvorgekommen!“

Der Schamane flüsterte einem seiner Männer etwas zu. Der nickte und verschwand.

„Ich hatte nie vor, den Khan in seine Heimat zu bringen“, erklärte Qutula. „Was für ein Risiko, was für ein ungeheuerlicher Aufwand! Und was für eine Verschwendung! Das schöne Gold, die schönen Edelsteine – all das wäre nutzlos in einem Grab verschwunden.“ Er blickte auf den blitzenden Säbel in seinen Händen. „Und diese einzigartige Waffe, gefertigt von einem Meisterschmied, geweiht von einem Schamanen. Hätte auch sie in einem modernden Grab verschwinden sollen?“ Der Schamane blickte fragend in die Runde. „Nein, auch das wäre eine Verschwendung“, beantwortete er die Frage dann selbst. „Sie gehört in die Hände eines Mannes, der würdig ist, sie zu führen.“

„Und derjenige bist natürlich du“, sagte Kim zum Glück so leise, dass sie niemand hörte.

Jetzt tauchte Qutulas Krieger wieder auf. Er führte eine kleine Karawane von Packtieren heran: Kamele, beladen mit Säcken und Kisten. Die Tiere wurden am

Eingang des Stollens festgebunden.

Qutula deutete eine Verbeugung an. „Bitte sehr, hier ist er: der Schatz des Khans!“

Die Freunde sahen, wie Mangu die Hände zu Fäusten ballte.

„Das Wetter spielte mit“, fuhr Qutula fort. „Dieser furchtbare Regen stoppte uns. Mir kam das gerade recht. Zum Schein nahm ich Kontakt zu den Göttern und Geistern auf und ließ verkünden, dass der Khan hier im Ordos-Gebiet beerdigt werden wollte. Natürlich beugten wir uns dem Willen der Götter. Nachts ließ ich den Khan bestatten. Und wie es unsere Gesetze verlangen, folgten ihm seine Diener und Soldaten in den Tod. Zum Großteil sind sie in einer anderen Höhle bestattet. Aber ich sorgte dafür, dass einige am Leben blieben – nämlich ich und meine Getreuen hier. Und wir werden nun alle Spuren verwischen, die zu diesem Grab führen.“

„Daher die Zündschnur“, murmelte Julian.

„Du sagst es“, bestätigte der Schamane. „Wir werden das Grab mit dem fliegenden Feuer in die Luft jagen. So wird es niemand finden. Und vor allem wird niemand erfahren, dass ich die Schätze an mich genommen habe!“

„Dafür wird dich der Köke Tngri schwer bestrafen!“, rief Tscha wütend.

Qutula warf den Kopf in den Nacken und lachte schallend. „Keiner wird mich zur Rechenschaft ziehen. Denn ich bin es, der die Macht hat. Die Macht zu herrschen und die Macht zu richten! Und jetzt haben wir genug gequatscht. Wir werden die Zündschnur noch ein Stück weiter ausrollen, uns in Sicherheit bringen und dann Feuer an die Lunte legen!“

Julian atmete auf. Wenigstens kamen sie hier raus! Er machte einen Schritt nach vorn.

„Halt, ihr bleibt hier! Zurück mit euch in den Stollen!“, ordnete der Schamane an. Er begann mehrere Fackeln zu entzünden.

Julian wurde blass. Das würde ihren sicheren Tod bedeuten! Er warf Hilfe suchende Blicke auf seine Freunde. Aber die wussten offenbar auch nicht, was sie tun sollten.

Qutula verteilte an drei seiner Männer Fackeln.

„Bringt Mangu und seine Freunde ein Stück tiefer in den Stollen hinein. Sie sollen ihrem Khan ganz nah sein, wenn das fliegende Feuer seine ganze Kraft entfaltet!“ Er lachte irre.

Grob stießen Qutulas Männer Mangu und seine Krieger in den Gang. Dann packten sie Tscha und ihre Eltern und schließlich die Freunde.

„Wir müssen etwas unternehmen!“, wisperte Kim angsterfüllt. „Und wo ist überhaupt Kija?“

Die Katze war den Häschern entwischt und flitzte auf eines der reich beladenen Kamele zu, das wie die anderen Packtiere direkt vor dem Eingang des Stollens stand. Die Freunde sahen gerade noch, wie Kija dem Kamel ins Bein biss. Das Packtier brüllte auf und rannte los.

„Haltet es auf!“, schrie Qutula und machte Anstalten dem Kamel hinterherzustürmen.

„Was geschieht mit den Gefangenen?“, wollte einer seiner Männer wissen.

Qutula blieb stehen, war offenbar hin und her gerissen. Er schien zu überlegen.

Diesen Moment nutzte Mangu. Er sprang auf einen der Fackelträger zu und streckte ihn mit einem Faustschlag nieder. Auch in Mangus Männer kam Bewegung. Sie griffen den verdutzten Feind an und kämpften verbissen. Sie hatten nichts zu verlieren. Mangu entriss einem der Gegner den Säbel. Mit diesem in der einen, der Fackel in der anderen Hand rannte er auf Qutula zu.

„Kommt, Jungs, wir machen uns dünne!“, rief Kim und sauste an den Kämpfern vorbei Richtung Stollenausgang. Da tauchte auch Tscha mit ihrer Familie auf.

Unterdessen wogte der Kampf hin und her. Säbel blitzten, Schreie gellten.

Leon sah, dass Mangu den Schamanen erreicht hatte.

„Wartet, ich muss unbedingt wissen, wie das ausgeht!“, bremste er seine Freunde.

Mangu stand jetzt Qutula genau gegenüber. Die Männer umkreisten sich lauernd. Plötzlich bückte sich der Schamane und zog etwas aus seinem Stiefel. Es war ein winziger Dolch. Blitzschnell schleuderte Qutula ihn auf seinen Gegner. Der Dolch bohrte sich in Mangus Brust. Der Sklavenhändler brach röchelnd zusammen. Die Fackel glitt aus seiner Hand, fiel genau auf die Zündschnur und setzte diese in Brand. Zischend und mit einem atemberaubenden Tempo verschwand die Schnur im Stollen.

„Oh nein!“, schrie Qutula und wandte sich um. Schon wollte er zum Ausgang rennen. Doch Mangu hatte sich noch einmal aufgerappelt, hielt Qutula am Hosenbein fest und brachte ihn zu Fall. Der Säbel schepperte auf den steinigen Boden. Wild schlug und trat der Schamane um sich, aber Mangu hielt ihn mit eisernem Griff fest.

„Wir müssen hier raus, schnell! Gleich fliegt alles in die Luft!“, rief Julian und sauste los. Mit seinen Freunden stürmte er aus dem Stollen ins Freie. Hinter ein paar großen Felsblöcken gingen sie in Deckung. Kija schmiegte sich an Kim.

„Gut gemacht“, lobte das Mädchen.

Sonst war ihnen niemand gefolgt. Außer Qutula und Mangu ahnte offenbar keiner der anderen Kämpfenden, in welcher Gefahr sie schwebten. Die Freunde machten sich ganz klein. Julian hatte die Augen geschlossen. Dann gab es eine ohrenbetäubende Explosion. Der Boden bebte. Ein Hagel aus Steinen flog über den Felsbrocken, hinter dem die Freunde kauerten. Eine gewaltige Staubwolke stieg in den Himmel und bedeckte alles mit einer grauen Schicht. Es folgte ein grässliches Krachen und Poltern. Dann legte sich eine gespenstische Stille über die Landschaft. Leon war der Erste, der sich aus der Deckung wagte.

„Oh, mein Gott“, sagte er fassungslos.

Der Stollen war eingestürzt und hatte alles unter sich begraben: Qutula, Mangu, ihre Männer und die Packtiere.

„Das Grab des Khans ist auch ihr Grab geworden“, sagte Leon, als seine Freunde neben ihm standen.

Kim nickte bedrückt. „Was für ein grausames Ende. Sie sind das Opfer ihrer Gier geworden.“

„Jedenfalls wurde der Schatz des Khans nicht geraubt“, fügte Julian hinzu. „Von den Schmuckstücken dürfte nach dieser Explosion nichts mehr übrig sein. Und das Grab ist garantiert verschüttet. Kein Wunder, dass es niemand gefunden hat.“

Hinter ihnen tauchten Tscha und die anderen auf.

„Ich glaube, wir haben euch und eurer Katze viel zu verdanken“, sagte das Mädchen und lächelte. „Was für ein schönes Tier!“

Kija sah an ihr hoch und miaute.

„Gerade hatte ich das Gefühl, dass sie versteht, was ich sage!“, sagte Tscha. „Aber das ist natürlich Blödsinn.“

Kim lächelte zurück. „Wer weiß …“

Irritiert runzelte Tscha die Stirn, wechselte dann aber das Thema und sagte mit einem Blick auf ihre Familie: „Jetzt, wo wir unsere Freiheit zurückerlangt haben, werden wir in unser Stammesgebiet ziehen. Mein Vater Alach bietet euch an, mit uns zu kommen.“

Die Freunde schauten sich verlegen an. Schließlich war es Julian, der das Wort ergriff. „Danke für das Angebot. Doch wir haben ein anderes Ziel.“ Er wies auf das Berggebiet.

Tscha legte den Kopf schief. „Seid ihr sicher? Niemand würde freiwillig ohne Schutz in dieses karge Land ziehen.“ Ein Lächeln umspielte ihre Lippen. „Es sei denn, derjenige ist irgendwie anders. So anders wie diese Katze“, fügte sie hinzu.

Darauf wussten die Freunde nichts zu antworten.

„Schon von Anfang an hatte ich manchmal das Gefühl, dass ihr anders seid, dass euch irgendein Zauber umgibt“, sagte Tscha.

Als die Freunde beharrlich weiter schwiegen, sagte sie: „Man muss nicht immer alles verstehen. Die Welt ist voller Wunder, und das ist gut so.“

Sie trat an die Freunde heran und nahm sie nacheinander in den Arm.

„Passt gut auf euch auf!“, sagte sie zum Abschied. Ihre Augen schimmerten feucht. Rasch wandte sie sich ab und ging zu ihrer Familie zurück. Alach unternahm einen weiteren Versuch, die Freunde zum Mitgehen zu bewegen. Als sie erneut höflich ablehnten, zog die Familie los in ihre Heimat.

„Wir sollten unsere Höhle finden, um die Rückreise anzutreten“, sagte Julian jetzt. „Ich habe Sehnsucht nach unserem friedlichen Siebenthann. Ihr auch? Die Rätsel sind ja alle gelöst oder etwa nicht?“

„Doch“, sagte Leon. „Ich hoffe nur, dass unsere Höhle durch die Explosion nicht auch eingestürzt ist. Wo müssen wir hin, Julian? Du hast die Höhle doch vorhin entdeckt.“

Julian deutete in Richtung Norden. Jetzt erkannten auch Kim und Leon den markanten Eingang wieder. Er schien unversehrt. Schnell liefen sie dorthin.

Die Höhle empfing sie schattig und kühl. Sobald sich die Augen der Freunde an das Dämmerlicht gewöhnt hatten, erkannten sie, dass im Inneren der Grotte ein seltsames, bläuliches Licht leuchtete, das sie sehr an das Licht im Zeit-Raum erinnerte. Julian und Leon gingen zielstrebig auf das schimmernde Blau zu.

Nur Kim blickte sich noch einmal um und warf einen

Blick auf die Steppe, die sich vor den Bergen ausbreitete wie ein unendlich weiter, grüner Teppich. Und mit einem Mal erkannte sie in der Ferne eine kleine Menschengruppe, die von einem Kind angeführt wurde.

„Pass du auch gut auf dich auf, Tscha", murmelte Kim, während sie in den wolkenlosen Himmel schaute. „Vielleicht hat ja einer dieser mächtigen Götter da oben ein Auge auf dich." Kija streifte um ihre Beine und miaute leise. Kim lächelte. „Wenn du das sagst, Kija, wird es so sein." Dann folgten Kim und Kija ihren Freunden in das Innere der Höhle.

Zwei Wochen nach ihrer Rückkehr hockten Kim, Leon und Julian in der Bibliothek des Bartholomäus-Klosters. Dort hatten sie sich in einen ruhigen Winkel zurückgezogen, wo sie von den anderen Besuchern der Bibliothek nicht gestört wurden. Die Freunde saßen mit mäßigem Interesse über ihren Chemie-Büchern. In diesem Fach stand übermorgen eine Prüfung an.

Kija lag mit halb geschlossenen Augen auf einer Fensterbank und ließ sich die Sonne aufs glänzende Fell scheinen.

„Ich werde dieses Periodensystem nie verstehen", seufzte Kim.

„Ach was, das bekommst du schon hin", versuchte

Julian sie aufzumuntern. „Du musst es nur auswendig lernen."

„Genau das fällt mir schwer", gestand Kim. „Ich werfe diese Formeln immer durcheinander ..."

„Geht mir ähnlich", murmelte Leon. „Ich bekomme die nicht in meinen Kopf!" Er stand auf und streckte sich. Dabei fiel sein Blick auf den Ständer mit den Fachzeitschriften. Leon zog die neueste Ausgabe des „National Geographic" heraus. Er überflog das umfangreiche Inhaltsverzeichnis. Plötzlich stutzte er. „Das gibt's doch nicht!", rief er aus.

Kim und Julian hoben die Köpfe. „Was ist denn los?"

Leon ging zu seinen Freunden und legte das Heft offen auf den Tisch.

Kija schien zu spüren, dass etwas Wichtiges im Gange war. Also sprang sie von der Fensterbank und gesellte sich zu den dreien.

„Seht nur", sagte Leon, „offenbar ist gerade wieder eine Expedition aufgebrochen, um das Grab des Dschingis Khan zu suchen!"

Die Freunde vertieften sich in den Text und erfuhren, dass Anfang des Monats ein Team aus chinesischen und russischen Forschern losgezogen war.

„Sie suchen am heiligen Berg Burhan Chaldun", entnahm Julian den Zeilen des Berichts. „Dort werden sie das Grab nie finden."

„Tja“, meinte Leon. „Aber wir können ihnen ja schlecht einen Tipp geben, oder?“

„Sehr richtig“, pflichtete Julian ihm bei und ergänzte grinsend: „Es sei denn, Kim will noch mal kurzfristig in die Steppe reisen …“

Kim sah Julian misstrauisch an. „Wieso gerade ich? Meinst du, ich renne zu den Forschern und verrate ihnen, was wir dank Tempus wissen? Dann wäre unser wunderbares Geheimnis doch gelüftet!“

Julians Grinsen wurde noch breiter. „Das meine ich gar nicht. Ich dachte nur, dass du vielleicht dort doch noch den Mann fürs Leben finden willst. Immerhin warst du schon mal ziemlich nah dran!“

Leon konnte sich nicht zurückhalten – er prustete laut los.

Kims Augen wurden schmal. „Wirklich sehr komisch, Julian“, erwiderte sie. Aber dann musste auch sie lachen.

Dschingis Khan – ein Name wie ein Schlachtruf

Dschingis Khan wurde um 1167 geboren. Schon um seine Geburt ranken sich Legenden: Das Baby habe bei seiner Geburt in der rechten Hand einen Blutklumpen gehalten, der so groß wie ein Stein war. Das geronnene Blut glich einem roten Edelstein, und der Schamane erkannte darin, dass der Kleine ein großer Krieger werden würde. Daraufhin nannte Yesugai, der Vater des seltsamen Knaben, seinen Sprössling Tedmudschin.

Yesugai wurde, als der Junge neun Jahre alt war, heimtückisch ermordet. Tedmudschins Mutter brachte ihn und seine Geschwister mehr schlecht als recht durch. Mit 14 Jahren wurde laut dem Gesetz der Steppe zum Oberhaupt der Familie ernannt. Ab jetzt begann Tedmudschin, sich bei zahlreichen Kämpfen einen Namen zu machen. Immer mehr Clans schlossen sich ihm an, denn er galt als gerecht und großzügig. Allmählich dürfte bei Tedmudschin der Gedanke gereift sein, die zerstrittenen Familien und Völker der Mongolei zu vereinen – natürlich unter seiner Führung.

Dieser Anspruch gefiel der noch herrschenden Elite nicht. Man fürchtete um den eigenen Einfluss und schloss sich dieses eine Mal zusammen. 1186 gelang es ihnen, Tedmudschin und seine Verbündeten vernichtend zu schlagen.

Zehn Jahre blieb es ruhig. Tedmudschin wartete auf eine neue Chance. Und er bekam sie, als die herrschenden Schichten mehr und mehr abgewirtschaftet hatten und wieder einmal völlig zerstritten waren. Tedmudschin sammelte neue Männer um sich und schaltete die regionalen Herrscher nacheinander aus. Bis 1206 hatte er die turkmongolischen Steppenvölker Zentralasiens unter dem Namen Mongchol (Mongolen) vereint. Diese etwa 30 vereinten Völker (etwa zwei Millionen Menschen) erhoben ihn 1206 auf einer Art Reichstag zum Herrscher und verliehen ihm den Titel *Dschingis Khan*.

Die Gesellschaft wurde jetzt gründlich umorganisiert. Dschingis Khan schuf einen für die damalige Zeit modernen, straff organisierten Militärapparat. Auch führte der Khan ein hartes Strafrecht ein.

Mit seinem enorm schlagkräftigen Heer, dem bis zu 150 000 Männer angehörten, unterwarf der Khan zwischen 1206 und 1209 nacheinander die Völker im Norden und die Tanguten im Süden. 1211 fiel er in China ein und eroberte 1215 Peking. 1218 unterwarf er das

Kara-Khitai-Reich am Balchasch-See. Um 1220 errang er den Sieg über Mohammed Schah von Choresmien und eroberte damit das Land Transoxanien (heute das Gebiet um Samarkand und Persien). 1223 besiegte der Khan Südrussland. Der Khan war jetzt einer der erfolgreichsten Eroberer der Weltgeschichte.

Sein militärischer Erfolg beruhte zum einen auf der Beweglichkeit seiner Reiterarmee und zum anderen auf seinem strategischen Geschick. Er griff nie an, ohne sich vorher sorgfältig auf die Schlacht vorzubereiten. Außerdem war er sehr listig und ließ den Gegner meistens im Unklaren über die wirkliche Stärke seiner Armee.

Im Jahr 1226 brach das Heer des Khans erneut zu einem Feldzug gegen die Tanguten auf, die sich wieder erhoben hatten. Es sollte der letzte Feldzug des Khans werden. Über den Tod des Khans am 18. August 1227 gibt es unterschiedliche Darstellungen. Die „Geheime Geschichte" berichtet, dass der Khan während des Feldzugs gegen die Tanguten im Ordos-Gebiet an den Folgen eines Sturzes vom Pferd starb. Dieser Sturz habe sich jedoch bereits ein Jahr zuvor ereignet. Immer wieder sind Zweifel an dieser Darstellung aufgekommen – vor allem, weil Sturz und Todeszeitpunkt so weit auseinanderliegen.

Walter Heissig, der renommierte deutsche Mongolist, berichtet von Chroniken aus dem 17. Jahrhundert, die den Tod des Khans in einem wenig rühmlichen Licht erscheinen lassen. Demnach sei er von der ausgesprochen attraktiven und „eidechsengleichen Frau Körbeldschin“ ermordet worden, nachdem der Khan deren Mann getötet hatte und Körbeldschin zwingen wollte, seine Frau zu werden.

Woran der Khan nun wirklich starb, wird sich vielleicht niemals klären lassen. Denn die Leiche des Khans wurde nie gefunden und sein Grab mit Unmengen an Gold und Edelsteinen nie entdeckt, obwohl es bisher Hunderte von Expeditionen gegeben hat. Standesgemäß könnte sein Grab tatsächlich am heiligen Berg Burhan Chaldun liegen. Die Quellen, die das Ordos-Gebiet als Grabstätte annehmen (also dort, wo der Khan starb), sind nicht minder zahlreich. Denn der Tross mit der Leiche des Khans soll nach einigen Quellen in einem gewaltigen Unwetter stecken geblieben sein.

Einig sind sich die Quellen, dass der Khan zusammen mit 2000 Dienern und 800 Soldaten beerdigt worden ist. Alle, die wussten, wo das Grab lag, sollen getötet worden sein. Dieser Ort wurde Ikh Koring genannt – das große Tabu.

Der Khan galt als entschlossen und zielstrebig, war aber nicht starrköpfig, sondern schätzte auch den Rat anderer. Er erwies sich als geschickter Herrscher, dessen Untertanen seine Ehrlichkeit, Gerechtigkeit und Großzügigkeit lobten.

Auf der anderen Seite war Dschingis Khan ein gefürchteter Eroberer. Er war grausam gegenüber allen, die sich ihm widersetzten. Seine politischen Ziele setzte er mit brutaler Gewalt und unerbittlicher Grausamkeit durch. Ein Zitat, das dem Khan zugeschrieben wird, verdeutlicht das:

„Das höchste Glück des Mannes ist, seine Feinde zu zerschlagen, sie vor sich herzujagen, ihnen allen Besitz zu entreißen, in Tränen die Wesen zu sehen, die ihnen teuer sind und ihre Frauen und Töchter in seine Arme zu drücken."

Glossar

Archi alkoholisches Getränk aus Sauermilch und stark vergorenem Joghurt

Bosog Türschwelle

Char Söl mongolisches Gericht; eintopfähnliche Suppe mit Fleischstückchen

Chorz Getränk mit hohem Alkoholgehalt

Dal mongolische Spezialität: feinstes Fleisch aus dem Schulterblatt des Lamms

Eseg Stutenmilch

Eson Tochoy mongolisches Geschicklichkeitsspiel

Etügen Eke mongolische Göttin, „Mutter der Erde"

Gur Khan Alleinherrscher

Ikh Koring das große Tabu. So wurde der geheime Ort genannt, an dem der Khan beerdigt wurde.

Jurte Zelt der Mongolen

Köke Tngri mongolischer Gott, der „Himmlische", hat alles geschaffen. Auch Sonne und Mond sind ihm untertan.

Mach mongolische Spezialität, deftiges Lammfleischgericht mit vielen Zwiebeln

Manaqan Jagdgott

Morin Khow geigenähnliches Saiteninstrument

Onggon Schutzgeister

Ordos-Gebiet Gebiet in der Inneren Mongolei

Schamane Zauberpriester, Geisterbeschwörer, Medizinmann. Er versetzt sich mit der Schamanentrommel, durch Tanzen und häufig durch Rauschmittel in einen Trancezustand.

Tulga Herd mit drei oder vier Füßen

Turga Filzdecke

Yal-un Eke mongolische Göttin, „Mutter des Feuers“

Yasun Familienclan, Sippe

Das Teufelskraut

Inhalt

Thot – der Meister der Magier

„Schlimmer geht's wirklich nicht", sagte Julian und warf einen Blick aus dem Fenster. Er saß mit seinen Freunden in der Eisdiele *Venezia*, wo es das beste Eis in Siebenthann, wenn nicht sogar auf der ganzen Welt gab.

„Das kannst du laut sagen", meinte Leon und hustete. Seit ein paar Tagen war er ziemlich erkältet. Deshalb hatte er heute auf Eisspezialitäten verzichtet und sich für einen Pfefferminztee entschieden. Inzwischen hatte er richtig schlechte Laune.

„Dieses Wetter ist definitiv das Letzte", seufzte auch Kim, die neben Leon auf der Bank in der Eisdiele saß. Das Mädchen schob sich einen Löffel Bananen-Eis in den Mund und ließ es langsam auf der Zunge zergehen.

Heute war einfach ein absolut mieser Tag. Sie hatten Weihnachtsferien, aber es lag kein Schnee, um Schlitten zu fahren. Es war zu warm, als dass der Weiher vor dem Bartholomäuskloster hätte zufrieren können und zum Eislaufen eingeladen hätte. Es schien noch nicht einmal die Sonne. Draußen war einfach alles grau und trist. Außerdem nieselte es ununterbrochen sozusagen als Sahnehäubchen auf dieses Mistwetter.

Das Kino von Siebenthann öffnete erst um 18 Uhr. Jetzt war es aber erst Mittag, und die Freunde hatten sich im *Venezia* getroffen, um zu überlegen, was man heute unternehmen könnte. Doch bisher war niemandem etwas Vernünftiges eingefallen.

Allein Kija, die Katze mit den rätselhaften grünen Augen, schien sich überhaupt nicht zu langweilen. Behaglich schnurrend lag sie auf ihrem Lieblingsplatz. Die Heizkörper in der Eisdiele waren mit Holz verkleidet und oben befanden sich Schlitze, aus denen die erhitzte Luft entweichen konnte. Genau dort hatte sich Kija ausgestreckt und ließ sich den Bauch wärmen.

Leon grinste schwach. „Vielleicht sollte ich mich auch mal auf die Heizung kuscheln, damit diese verdammte Erkältung weggeht. Die hab ich jetzt schon seit fast einer Woche. Und nichts hilft." Er schob die Teetasse weg. „Und dieser komische Tee schon mal gar nicht. Es wäre besser gewesen, wenn ich eine Tablette genommen hätte."

„Das glaube ich nicht", widersprach Julian. „Es gibt viele Kräuter, die gegen eine Erkältung helfen."

„Ach wirklich?", meinte Leon wenig überzeugt. „Ich könnte drei Liter von dem Zeug hier trinken, hätte aber sicher immer noch Kopfschmerzen und würde mich total schlapp fühlen."

Julian schaute seinen Freund vorwurfsvoll an. „Du musst natürlich das richtige Mittel nehmen. Damit sollte man sich eben auskennen."

Leon zuckte mit den Schultern. „Genau das ist das Problem. Wer kennt sich schon heute noch damit aus? Es gibt doch für alles längst Tabletten."

„Dieser Professor Muriatti kennt sich damit aus", sagte Julian.

„Wer?"

„Professor Muriatti", wiederholte Julian. „Er war gestern in der Bibliothek und hat einen Vortrag über die Heilkraft von Pflanzen gehalten. Und im Gegensatz zu euch war ich dabei."

„Ich habe die Plakate gesehen", erinnerte sich Kim. „Es ging um Heilkunst und …" Sie geriet ins Stocken.

„Giftmischer im Mittelalter", vollendete Julian den Satz. „Es war hochinteressant."

„Giftmischer?" Nun war Leons Interesse geweckt.

„Klar", sagte Julian. „Dieser Professor hat von allem Möglichen erzählt. Von Heilkräutern wie dem Johanniskraut, aber auch von magischen Kräutern wie der Wegwarte. Die Menschen im Mittelalter glaubten, dass die Wegwarte unsichtbar machen und den Besitzer gegen Schwerthiebe schützen würde. Außerdem hat Muriatti über besonders giftige Pflanzen wie den Blauen Eisenhut gesprochen. Bereits ein paar Gramm der Knolle sind absolut tödlich für Menschen. Der Eisenhut hat bei den Giftmischern eine lange Tradition, sagte Muriatti. Auch der römische Kaiser Claudius wurde damit ermordet. Das war im Jahr 50 nach Christus."

Leon sah seinen Freund kritisch an. „Hat dein Professor Möhrenratti auch was …"

„Mu-ri-at-ti", verbesserte Julian ihn betont langsam.

„Schon gut", winkte Leon ab. „Hat dein Professor auch etwas über Pfefferminztee gesagt?"

„Pfefferminztee hat er nicht erwähnt. Aber der ist ganz bestimmt sehr gesund", sagte Julian schnell.

„Ich weiß nicht", erwiderte Leon. „Ich glaube, ich bestelle mir lieber ein Walnuss-Eis."

Kurz darauf stand ein Becher mit zwei Kugeln Eis vor Leon. Seine Miene hellte sich auf.

„Und wer ist noch alles ermordet worden?", fragte Kim gespannt.

Julian lachte. „Das ist typisch für dich! Du willst wieder nur die gruseligen Sachen hören!"

„Ich liebe nun mal Krimis!", verteidigte sich Kim. „Ihr doch auch, oder etwa nicht?"

„Ist ja okay", sagte Julian. „Aber Muriatti ging es vor allem um die Heilkraft der Kräuter. Ein bestimmter Trank soll sogar alle Krankheiten geheilt haben."

„Auch eine Art Dauergrippe?“, fragte Leon hoffnungsvoll.

„Bestimmt“, meinte Julian.

„Wie heißt das Zeug?“

Julian sah sich um, als fürchte er, man könnte ihn belauschen. „Teufelstrank“, flüsterte er.

Die Freunde steckten die Köpfe zusammen. Kija schien zu bemerken, dass etwas Wichtiges vor sich ging, erhob sich von der Heizung, streckte sich und zwängte sich zwischen Leon und Kim.

„Teufelstrank?“, fragte Kim. „Klingt nicht besonders Vertrauen erweckend. Was hatte es damit auf sich?“

Julian dachte einen Moment nach. Dann erklärte er: „Wenn ich richtig aufgepasst habe, stammt das Rezept vom altägyptischen Gott *Thot*. Er war ein mächtiger Zauberer, der Meister aller Magier und zugleich ihr Schutzpatron. Er galt als Ahnherr der *Alchemie*. Auch die Griechen haben ihn verehrt – unter dem Namen Hermes Trismegistos. Und außerdem …“

„Schon gut, Julian“, meinte Leon etwas ungeduldig. „Hat es diesen Trank denn wirklich gegeben?“

Julian hob die Schultern. „Im Mittelalter hat man offenbar daran geglaubt – das hat Muriatti zumindest gesagt. Der Trank soll nicht nur ein Allheilmittel gewesen sein, sondern dem Besitzer des Trankes auch gewaltige Macht verliehen haben.“

„So ein Quatsch!“, entfuhr es Kim. „Dann hätten ihn doch bestimmt viele getrunken!“

Julian schüttelte den Kopf. „So einfach ist es nicht. Denn die Sache hatte natürlich einen Haken …“

„Der wäre?“

„Wer ihn zusammenbraute und eine bestimmte Formel sprach, der wurde zwar sehr mächtig – aber überschrieb seine Seele dem Teufel.“

„Daher der Name …“, erkannte Leon.

„Du sagst es“, pflichtete Julian ihm bei. „Der Trank war extrem gefährlich. Außerdem war Thots Rezept für lange Zeit verschwunden – und auch das Buch, in dem die magische Formel aufgeschrieben war.“

„Du sagst, für lange Zeit. Heißt das, dass man es wiedergefunden hat?“, fragte Kim atemlos. Sie spürte Kijas warmen Körper an ihrer Seite und begann, den Rücken der Katze zu streicheln.

„Ja!“, wisperte Julian. „Aber das ist auch schon eine Weile her. Behauptet jedenfalls Muriatti.“

„Und? Erzähl weiter!“, drängte Leon aufgeregt, während er seinen Eisbecher in Rekordgeschwindigkeit leer löffelte.

„Es war im Jahr 805 nach Christus, also zur Zeit Karls des Großen“, berichtete Julian. Wieder blickte er sich um. „In einem Reichskloster. Es heißt Lorsch.“

„Lorsch? Nie gehört“, gab Kim zu.

„War mir auch neu“, sagte Julian. „Jedenfalls bis gestern Abend. Aber das Kloster Lorsch ist sehr berühmt. Dort wurde eines der ältesten Medizinbücher geschrieben – das Lorscher Arzneibuch. Die Lorscher Mönche waren hervorragende Wissenschaftler.“

„Hhm, und du meinst, dass einer dieser Mönche das Rezept wiedergefunden hat?“, fragte Kim.

„Muriatti hat es in seinem Vortrag erwähnt“, sagte Julian. „Und ich glaube ihm. Er ist schließlich ein Fachmann.“

„Aber das Rezept ist natürlich nicht überliefert, oder?“

„Nein.“

„Hhm“, machte Kim noch einmal. „Wenn Muriattis Geschichte stimmt, dann muss das Rezept irgendwo sein.“

„Du willst es doch nicht etwa suchen?“, entfuhr es Julian.

„Warum denn nicht?“, gab Kim zurück. Ihre Augen blitzten.

„Langsam“, bremste Julian sie. „Vielleicht wurde das Rezept ja auch vernichtet.“

Kim ließ sich nicht aus dem Konzept bringen. „Kann auch sein. Aber das sollten wir überprüfen!“

Julian hatte verstanden. „Du meinst also, wir sollten dem Zeit-Raum Tempus einen Besuch abstatten?“

„Genau das! Ich will wissen, ob es diesen Teufelstrank wirklich gegeben hat und wo das Rezept geblieben ist!“

„Aber der Trank ist bestimmt gefährlich“, warf Julian ein.

Kim winkte ab. „Und wenn schon. Wir müssen ihn ja nicht trinken.“

„Vorher sollten wir uns aber über das Kloster Lorsch informieren“, sagte Julian.

„Na klar, wozu ist unsere wunderbare Bibliothek denn sonst da?“ Kim warf einen zweifelnden Blick auf Leon. „Was ist überhaupt mit dir? Bist du fit genug?“

„Selbstverständlich“, entgegnete Leon. „Die Aussicht auf spannende Ermittlungen hat bei mir eine sehr heilende Wirkung. Außerdem können wir aus diesem grauen, langweiligen Tag doch noch was machen. Worauf warten wir also?“

Die Bibliothek des altehrwürdigen Bartholomäusklosters hatte zwischen 13 und 15 Uhr Mittagspause. Dieser Umstand kam den Freunden jetzt sehr gelegen. Nun gehörte das Reich der Bücher ihnen ganz allein. Schließlich hatte Julian von seinem Opa einen Schlüssel zur Bücherei geerbt.

Die Freunde liefen in den hinteren Teil der Bibliothek – in den Saal mit den Geschichtsbüchern. Rasch fanden sie ein reich illustriertes Buch über das Mittelalter. Darin stand jede Menge über Klöster, aber nichts über das Kloster Lorsch.

„Ich denke, wir sollten es mal im Internet probieren“, schlug Julian vor. Mit den anderen im Schlepptau ging er zu den beiden PC-Arbeitsplätzen und fuhr einen der Rechner hoch. Mithilfe einer Suchmaschine stieß Julian auf die Adresse *www.kloster-lorsch.de*.

„Willkommen!“, rief Julian begeistert.

Gebannt verfolgten Leon und Kim jeden Mausklick ihres Freundes. Kija hingegen war mehr vom Kabel der Maus fasziniert als vom Inhalt der Internetseiten.

„Seht mal, das Kloster wurde 1991 sogar zu einem Weltkulturdenkmal ernannt“, sagte Julian beeindruckt und las laut vor: „Im frühen Mittelalter war das Kloster Lorsch Geistes- und Kulturzentrum des Frankenreiches. Von 772 bis 1232 war es sogar Königskloster!“

„Was ist das denn für ein Gebäude?“, wollte Leon wissen und deutete auf ein Foto, das einen schmucken, zweigeschossigen Bau mit drei großen Torbögen und einem hübschen Glockentürmchen zeigte.

Julian überflog den Text ein Stück weiter. „Das muss die sogenannte Tor- oder Königshalle sein. Sie ist mit einem Mosaik aus roten und weißen Sandsteinplatten verkleidet“, sagte er.

„Sieht richtig gut aus“, fand Kim. „Aber mich interessiert was ganz anderes: Gibt es irgendwo einen Hinweis auf den Teufelstrank? Geh doch mal auf die nächste Seite!“

„Leider nein“, meinte Julian. „Aber hier steht, dass das Kloster Lorsch berühmt für seine kräuterkundigen Mönche war. Genau, wie es Muriatti gesagt hat.“

„Also sind wir dort richtig“, vermutete Kim. „Lasst uns nach Lorsch reisen. Und zwar jetzt gleich! Auf ins Jahr 805!“

Julian seufzte. „Mensch Kim, sei doch nicht immer so ungeduldig!“

„Ach komm, wir haben genug gelesen“, meinte jetzt auch Leon.

Seufzend beendete Julian die Internet-Verbindung und schaltete den Computer aus. Dann lief er seinen Freunden hinterher, die bereits auf dem Weg zum geheimnisvollen Zeit-Raum Tempus waren. Nachdem sie sich vergewissert hatten, dass sie niemand beobachtete, schoben sie ein unscheinbares Regal beiseite, das auf einer im Boden verborgenen Schiene stand. Die schwere, mit magischen Symbolen reich verzierte Tür zu Tempus erschien. Wie immer wirkte sie düster und unendlich alt.

„Seid ihr bereit?“, flüsterte Kim.

Julian und Leon nickten. Die Katze machte einen Satz und hängte sich an die Türklinke. Das Tor zu Tempus öffnete sich einen Spalt. Ein bläulicher Schimmer fiel auf das Parkett. Feiner Nebel drang aus dem Zeit-Raum, zusammen mit einer beunruhigenden Mischung aus unheimlichen Geräuschen. Die Freunde schoben das Regal hinter sich wieder an seinen Platz.

Entschlossen öffnete Kim die Tür ganz und betrat mit der Katze den Zeit-Raum. Leon gab Julian einen aufmunternden Klaps auf die Schulter, dann folgten sie dem Mädchen und der Katze in den im Rhythmus der Zeit pulsierenden Raum.

Lass dich nicht verrückt machen, ermahnte sich Julian. Er würde wohl nie die Ehrfurcht – vielleicht war es sogar Angst – vor Tempus ablegen können. Dieses seltsame Licht, das alle Konturen verschwimmen ließ. Dieser Nebel, der jede Orientierung unmöglich machte. Diese Geräusche, die aus den Tausenden von Türen drangen, über denen die verschiedenen Jahreszahlen prangten. Mal schmeichelten die Töne den Ohren, dann wieder drangen entsetzliche Schreie aus den Tiefen der Welten, die sich hinter den Pforten öffneten.

„Wo … wohin?“, stammelte Julian. Niemand antwortete ihm. Leon und Kim stolperten so unbeholfen und ziellos wie er selbst über den pulsierenden Boden.

Jetzt erreichte Leon eine Tür und las die Zahl vor, die darüber stand: „1625. Das können wir vergessen. Weiter!“

Nur Kija wirkte selbstsicher. Elegant lief sie durch den Zeit-Raum und führte die Freunde nach kurzer Suche zum richtigen Tor.

„Gut gemacht, Kija“, lobte Kim, während sie die Tür öffnete. „Wir sind da. Das Jahr 805. Jetzt brauchen wir nur noch den richtigen Ort.“

Die Freunde schlossen die Augen, nahmen sich an den Händen und konzentrierten sich mit aller Kraft auf das Kloster Lorsch. Denn nur so konnte Tempus sie an den richtigen Ort bringen.

Und plötzlich hörten sie das Läuten von Kirchenglocken …

Die finstere Herberge

Die Freunde fanden sich auf einem Platz wieder, der im sanften Licht der untergehenden Sonne lag. Es war ein milder Sommerabend. Vor ihnen erhob sich ein hübscher, zweigeschossiger Bau.

„Das ist diese Torhalle, die wir vorhin im Internet gesehen haben!“, stieß Julian hervor.

„Ganz genau“, bestätigte Leon. „Wir sind im Kloster Lorsch! Hinter uns liegt die Mauer, die um das Kloster herumläuft. Diese Stelle der Mauer sollten wir uns für den Rückweg gut merken.“

„Scheint so, als gäbe es zwei Mauerringe“, sagte Julian. „Eine Mauer führt um die ganze Klosteranlage herum und die andere nur um die Kirche. Die Torhalle bildet wohl den Eingang zum inneren Teil mit der Kirche.“

„Sieht ganz so aus“, meinte Kim und blickte kritisch an sich herab. Sie trug einen einfachen, braunen Leinenkittel mit einem Gürtel und darunter ein dünnes Unterkleid. Ihre Füße steckten in groben Bundschuhen.

Auch Leon und Julian trugen dieses Schuhwerk. Ihre Hosen waren weit geschnitten und wurden mit einem Gürtel zusammengehalten, darüber schlabberten weiße Leinenhemden.

„Nichts Besonderes, aber damit kann ich leben“, urteilte Kim. „Euch beide …

„Vorsicht“, rief Julian und zog seine Gefährten in den Schutz des Torbogens. Ein großer Karren, vor den ein Ochse gespannt war, rumpelte dicht an ihnen vorbei. Er war mit Gemüse beladen. Ein barfüßiger Bauer trottete neben dem Karren her. Unmittelbar hinter ihm folgten weitere Karren, Reiter und Fußgänger, die an der Torhalle vorbeiströmten.

„Ganz schön was los hier“, wunderte sich Kim. „Ich hatte ein abgeschiedenes Kloster erwartet.“ Sicherheitshalber nahm sie Kija auf den Arm.

„Ein Almosen, bitte ein Almosen“, krächzte in diesem Moment eine Stimme. Sie gehörte einem Mann in einem grauen, verschlissenen Pilgergewand. Auf seinem Kopf hatte er einen breitkrempigen Filzhut. Seine linke Hand schloss sich um einen langen Stab, während er die rechte den Kindern entgegenstreckte.

„Gott wird es euch lohnen, wenn ihr einem armen

Pilger wie mir helft“, sagte der Mann.

„Würde ich ja gern, aber ich habe nichts, was ich dir geben könnte“, bedauerte Kim.

Der Pilger kniff die Augen zusammen. „Ihr seht aber gar nicht so arm aus. Wie dem auch sei – seid ihr auch auf dem Weg zu den *Reliquien* des heiligen *Nazarius*?“

Die Freunde warfen sich fragende Blicke zu.

„Zum heiligen Nazarius? Äh, ja klar“, antwortete Julian schnell.

„Weiß nicht, ob ich euch glauben soll“, sagte der Mann. Er griff an seinen Gürtel, zog die *Gurde* hervor und nahm einen Schluck. „Aber was soll’s? Ich verplempere hier nur meine Zeit.“ Grußlos stapfte er davon und bettelte einige Meter weiter eine dicke Frau an.

„Scheint wichtig zu sein, dieser Nazarius“, sagte Kim. „Was macht eigentlich deine Erkältung, Leon?“

„Weg!“, erwiderte Leon strahlend. „Ich sag euch doch: Solche Abenteuer sind die beste Medizin für mich. Und es könnte noch einen zweiten Grund geben: Hier ist das Wetter viel besser als in Siebenthann. Ich würde sagen, wir haben Sommer! Wirklich nett von Tempus, dass er uns in die warme Jahreszeit geschickt hat!“

„Stimmt!“, antwortete Kim. „Aber jetzt kommt, wir schauen uns mal im Kloster um. Wir brauchen schließlich einen Unterschlupf. Es wird bald Nacht.“

Sie warfen einen Blick in die Torhalle. Vor ihnen lag ein großes rechteckiges *Atrium* mit einer Kapelle. Am Ende des Atriums erhob sich die Basilika St. Petrus und

Paulus, die von zwei trutzigen Türmen flankiert wurde. Die Kirche war kein hoher Prunkbau, der dem Himmel entgegenstrebte. Sie wirkte, bedingt durch ihre Breite, eher gedrungen. Ihre Fenster waren schmal, die Fassaden schmucklos.

Die Klosterkirche von Lorsch schien den Freunden ein nüchterner Ort des Arbeitens, der inneren Einkehr und der Bescheidenheit zu sein.

„Hier finden wir garantiert kein Quartier“, vermutete Kim. „Vielleicht ist es besser, wenn wir den Händlern folgen.“

Und so gingen sie an der Südflanke des Atriums vorbei. Um die Kirche herum tobte das Leben. Lorsch schien mehr zu sein als ein Kloster. Es glich einer kleinen Stadt. Es gab ein Ärztehaus, eine Schule, Kornkammern und andere Speicher, eine Brauerei, zahlreiche Werkstätten, Brunnen und Ställe, eine Mühle, eine Bäckerei, Gärten mit Gemüse und Obstbäumen und eine Herberge für die Pilger. Überall herrschte geschäftiges Treiben. Aus einer Schmiede erklangen kräftige Hammerschläge. An einem Stand bot ein Farbenverkäufer helles Grün aus Galläpfeln, kräftiges Purpurrot aus der Drüse der Purpurschnecke und strahlendes Blau aus dem zerstoßenen Halbedelstein Lapislazuli an. Ein Bauer verkaufte Möhren, Sellerie, Erbsen und Runkelrüben. Neben seinem Stand jonglierte ein bunt gekleideter Mann mit vier Bällen, und irgendwo ertönte der laute Gesang eines Sängers.

Eine halbe Stunde irrten die Freunde durch das Kloster. Fasziniert bestaunten sie den großen, eingezäunten Kräutergarten. Doch eine Bleibe hatten sie noch immer nicht gefunden. Gerade als Kim einen Schafhirten fragen wollte, ob er vielleicht Arbeit und Unterkunft für sie hätte, machte sich Kija mit einem lauten Miauen bemerkbar. Neugierig schauten die Gefährten zu der Katze hinab.

„Hast du etwas entdeckt?"

Kija legte den Kopf schief und flitzte auf die Pilgerherberge zu. Kim, Leon und Julian rannten hinterher.

Vor der Tür stand ein kleiner, dicker Mann, der eine Schürze trug. Offenbar handelte es sich um den Wirt. Wütend schüttelte er einen anderen Mann und brüllte: „Jetzt reicht's, du elender Dieb und Taugenichts! Ich habe dir Arbeit als Schankknecht gegeben. Du hast bei mir ein Quartier gehabt und für deine Arbeit habe ich dich fürstlich bezahlt. Und als Dank dafür bestiehlst du mich! Ich habe die Nase voll von dir. Hau ab und lass dich hier nie mehr blicken!"

„Bitte, ich schwöre bei Gott, es war ein Versehen", jammerte der Knecht. „Ich weiß wirklich nicht, wie die Münzen …"

„Ein Versehen? Dass ich nicht lache!", brüllte der

Dicke und bekreuzigte sich rasch. „Lass gefälligst den Namen des Herrn aus dem Spiel!“ Dann gab er dem Knecht einen Stoß und jagte ihn davon.

„Verfluchtes Gesindel!“, knurrte der Dicke vor sich hin und wollte zurück in die Herberge.

Das war der Moment, in dem sich Julian an ihn heranwagte. „Suchst du vielleicht neue Knechte?“

Der Dicke sah ihn von oben herab an. „Was – ihr? Drei Kinder und eine Katze?“

„Ja, warum nicht?“, entgegnete Julian mutig. „Wir sind fleißig und ehrlich.“

Der Mann kniff die Augen zusammen und rieb sein stoppeliges Kinn. „Hm, ich weiß nicht. Drei Kinder … Andererseits ist meine Herberge absolut voll. Ich kann jede Hilfe gebrauchen. Lassen wir es auf einen Versuch ankommen. Ihr könnt bei mir wohnen und zu essen bekommt ihr auch. Wenn ihr eure Sache gut macht, werde ich euch sogar entlohnen. Ich heiße übrigens Wenzel und bin hier der Wirt.“

Nun stellten sich die Freunde vor. Julian erzählte dem Wirt ihre Standardgeschichte für solche Fälle: Sie hätten ihre Eltern verloren und seien arme Waisenkinder. Der Wirt schien die Geschichte nicht zu glauben, aber weitaus wichtiger als die Wahrheit war ihm offenbar, dass er drei neue Helfer für seine Herberge gefunden hatte.

„Gut, ich zeige euch einen Platz, wo ihr schlafen könnt“, sagte Wenzel. Er schob die Freunde in die finstere Schenke. Der Raum hatte eine niedrige, rußgeschwärzte Decke und nur drei winzige Fenster, die spärliches Tageslicht hereinließen. Es befanden sich etwa zehn grobe Tische darin, um die einfache Holzhocker gruppiert waren. Im hinteren Teil der Schenke stand eine Art Theke mit einem großen Bierfass und einer Durchreiche zur Küche. An der Wand hing ein Kruzifix. Neben der Theke führte eine Treppe in den ersten Stock der Herberge, wo es mehrere Gästezimmer gab, wie der Wirt erklärte. Am Ende des Ganges, von dem die Gästezimmer abgingen, stand eine Leiter. Ächzend kletterte der Wirt hinauf und wies den Freunden auf dem Dachboden ein einfaches Lager zu, das aus ein paar mit Stroh gefüllten Säcken bestand.

„Ihr könnt euch hier ein wenig ausruhen. Ihr habt sicher eine lange Reise hinter euch, oder?“, bemerkte Wenzel.

„Ja, so kann man es wirklich nennen“, erwiderte Julian vorsichtig.

Der Wirt stemmte die Arme in die Seite. „Aber versucht erst gar nicht, meine Gutmütigkeit auszunutzen. Gefaulenzt wird bei mir nicht. In einer Stunde seid ihr unten im Schankraum und werdet die Gäste bedienen. Und passt bloß auf: Ich merke es sofort, wenn ihr mich bestehlen wollt." Mit diesen Worten kletterte der dicke Mann die Leiter wieder hinunter. Die Sprossen knackten unter seinem Gewicht.

„Na ja, fünf Sterne sind es nicht", meinte Kim und streckte sich auf ihrem Lager aus. „Aber ich will nicht meckern. Hauptsache, wir haben ein Quartier im Kloster!" Und mit einem Seitenblick auf die Katze fügte sie hinzu: „Kija scheint es hier oben großartig zu finden."

Kim hatte Recht: Aufgeregt sprang die Katze in weiten Sätzen über den grob gezimmerten Dachboden, der mit allerlei Gerümpel vollgestopft war.

„Offenbar hat sie die Spur einer Maus gefunden. Und wir finden hoffentlich auch bald eine Spur – vom Teufelstrank", meinte Julian.

„Bestimmt", sagte Leon, der sich an die Kräutergärten erinnerte. „Wenn es den Trank wirklich gibt, dann weiß man hier etwas darüber, wetten?"

Mord im Gastzimmer

Pünktlich nach einer Stunde erschienen die vier im Schankraum. Die ersten Gäste hockten bereits an den Tischen. Während Kija auf eine der schmalen Fensterbänke sprang und sich dort niederließ, marschierten Kim, Julian und Leon zur Theke, hinter der Wenzel stand und Bier in große Krüge füllte. Aus der Küche hinter ihm drang der verlockende Duft von Gebratenem und Zwiebeln.

„Ah, da seid ihr ja", begrüßte der Wirt die Freunde und wischte sich die Hände an seiner fleckigen Schürze ab. „Kann einer von euch kochen?"

„Ich – ein bisschen", sagte Leon.

„Gut, dann geh in die Küche und hilf Gertrud, meiner Frau. Ihr zwei nehmt die Krüge und bringt sie an die beiden Tische dort."

Die Freunde gehorchten. Leon lernte Gertrud kennen, eine spindeldürre Frau mit flinken grauen Augen, die nicht gerne redete. Sie wies Leon an, einen Bund Petersilie klein zu hacken, während sie selbst am steinernen Herd stand und in einem wuchtigen Kessel rührte, aus dem es verführerisch duftete.

Unterdessen schleppten Kim und Julian Krüge, Körbe mit Brot, Suppenteller und Holzplatten mit Fleisch zu den Tischen. Dort saßen Männer verschiedener Herkunft: reiche Händler, die sich den Bauch vollschlugen und arme Pilger, die sich gerade mal eine Scheibe Brot mit einer wässrigen Gemüsesuppe leisten konnten.

Schnell war der Schankraum bis auf den letzten Platz gefüllt. Die Luft wurde immer stickiger. Aus der Küche drang der Duft von verschiedenen Speisen.

„Schneller, los schneller!“, herrschte Wenzel seine neuen Angestellten an. Sein Gesicht war puterrot und auf seiner Stirn standen Schweißperlen.

Kim flitzte zu einem Tisch weit in der Ecke, stellte Becher mit Wein vor den vier Gästen ab, die sich dort leise unterhielten, und wollte gerade wieder umdrehen, als sie abrupt innehielt. Hatte sie gerade das Wort Teufelstrank gehört? Ihr Puls beschleunigte sich. Sie bückte sich, tat so, als sei ihr etwas heruntergefallen und lauschte. Kim hatte Glück: Geflüsterte, aber immerhin verständliche Gesprächsfetzen drangen an ihr Ohr.

„… Das musst du doch wissen. Du kennst dich schließlich mit Kräutern und so aus …“, sagte jetzt einer der Gäste zu dem ältesten Mann in der Runde. „Komm, ich gebe dir noch einen Becher Wein aus! Aber reden musst du, hörst du: reden!“

Kim richtete sich wieder auf. Dabei riskierte sie einen Blick auf den Alten. Er hatte ein längliches Gesicht mit buschigen Augenbrauen. Jetzt nickte er bedächtig.

„Komm, sag schon!“, redeten die anderen auf ihn ein.

Unauffällig wechselte Kim die Position. Der Nachbartisch war frei geworden. Sie begann Geschirr und Besteck langsam einzusammeln. Auch hier konnte sie noch verstehen, was die Männer am anderen Tisch sprachen.

„Es gibt ihn doch, oder? Erzähle! Wir sind von weit hierhergepilgert. Man erzählt sich, dass du am meisten über ihn weißt!“, sagte einer der Jüngeren.

„Ja … über den Teufelstrank!“, zischte ein anderer.

„Psst!“, machte ein Dritter.

Kim lief ein Schauer über den Rücken – der Teufelstrank!

Der Alte wiegte bedächtig den Kopf. „So, so, ihr seid also nur wegen des Trankes gekommen und nicht wegen des heiligen Nazarius?“

„Aber nein, gütiger Herr im Himmel!“, rief einer der Pilger sofort. „Wir haben erst hier im Kloster von dem Trank gehört und wollten mehr erfahren.“

Abrupt erhob sich der Alte und schob seinen Schemel mit dem Fuß an den Tisch.

„Ich kann euch nicht helfen“, sagte er kühl. „Allein über dieses gottlose Zeug zu reden, bringt Unglück.“ Dann ging er zu Wenzel an den Tresen, bezahlte und verließ grußlos die Schenke.

„Wer war denn das?“, fragte Kim den Wirt, als sie ein paar leere Krüge auf dem Tresen abstellte.

„Der, der gerade gegangen ist?“ Wenzel kratzte sich am Kopf. „Das ist der alte Gottfried. Lebt allein unten im Dorf. Ist ein bisschen sonderbar. Man erzählt sich wunderliche Dinge über ihn. Den üblichen Dorftratsch! Aber wenn jemand krank ist, dann rennen sie zu ihm. Denn Gottfried kennt sich – weiß Gott – gut mit Heilkräutern aus!“

Kim nickte und nahm volle Krüge in Empfang. Auf dem Weg durch die verräucherte Schenke kam sie an Julian vorbei, der gerade einen Tisch abräumte. Mit wenigen Worten informierte sie ihn über Gottfried.

„He, was quatscht ihr da rum?“, brüllte Wenzel quer durch den Raum. „Mädchen, bring diese Platte nach oben. Der Bayer in Zimmer eins hat den Braten bestellt. Beeil dich!“

„Komme ja schon!“, rief Kim, nahm das Holzbrett mit dem feinen Braten und lief in den ersten Stock. Vor der Tür mit der Nummer eins machte sie halt und klopfte an. Aus dem Gästezimmer drang ein unterdrückter Schrei. Es folgte ein harter Schlag, dann schnelle Schritte. Was ging da drinnen vor? Kim bekam eine Gänsehaut. Da stimmte etwas nicht!

Noch einmal klopfte sie laut an. Stille. Keine Reaktion. Kim stellte die Platte ab, nahm all ihren Mut zusammen und drückte die Klinke herunter. Doch die Tür war verschlossen. Kim überlegte einen Moment. Es gab ja noch das Schlüsselloch ... Schon hatte Kim sich gebückt und spähte hindurch. Sie blickte in ein geräumiges Zimmer, das von einer Kerze schwach erleuchtet wurde. Plötzlich huschte etwas unmittelbar am Schlüsselloch vorbei. Kim erschrak und fuhr zurück. Doch sofort lugte sie wieder durch das Schlüsselloch und sah gerade noch, wie eine Gestalt durch das Fenster nach draußen kletterte! Gleichzeitig hörte sie ein Stöhnen. Kims Puls klopfte. In diesem Raum war irgendetwas passiert! Sie musste etwas unternehmen, sie musste Hilfe holen – und zwar schnell! Kim schrie los.

Auf der Treppe war ein Poltern zu hören und keine Minute später kam Wenzel herein. Leon, Julian, Kija und ein paar Gäste drängten nach.

„Was ist hier los?“, rief der Wirt mit einem Blick auf Kim. „Wieso hast du so ge...“

„Da drin ist was passiert!“, unterbrach Kim ihn. „Hast du einen Schlüssel?“

Murrend zog der Wirt einen schweren Schlüsselbund hervor und sperrte die Tür auf. Er zog sie nur einen Spalt auf und sah in das Zimmer.

„Oh Gott!“, stieß Wenzel hervor.

„Was ist passiert?“, rief Leon.

Abrupt drehte sich der Wirt um. „Da liegt einer auf dem Bauch. Ich glaube, das ist der Johannes Furrer! Holt den *Infirmarius*, schnell!“

Jemand rannte los, während Wenzel mit zwei anderen Männern in das Zimmer ging. Die Gefährten wollten ihnen folgen, aber Wenzel verbot es ihnen. „Das ist nichts für Kinder!“, sagte er tonlos.

So mussten die Freunde draußen warten. Doch sie sperrten die Ohren auf.

„Der braucht keinen Infirmarius mehr“, hörten sie Wenzel sagen. „Furrer wurde erstochen!“

Entsetzt sahen sich die Kinder an.

„Wer ist dieser Mann?“, fragte einer der Männer, die Wenzel in das Zimmer begleitet hatten.

„Ein Kaufmann aus dem Süden“, antwortete Wenzel. „Kommt aus einem Ort in den Alpen. Den Namen habe ich vergessen. Er wollte hier Geschäfte machen.“

Nach und nach drängten immer mehr Neugierige an den Kindern vorbei ins Zimmer.

„Ein Mörder in diesem Kloster! Gott steh uns bei!“, kreischte eine Frau.

Wenzel hob beschwichtigend die Hände. „Ruhe bitte, bleibt ruhig, Leute!“

Er deckte den Toten mit einer Bettdecke zu. Leon, Julian, Kim und Kija schlichen nun doch ins Zimmer. In dem allgemeinen Durcheinander fiel es niemandem auf. Jetzt berichtete Kim ihren Freunden haarklein, was sie durch das Schlüsselloch beobachtet hatte.

„Du hast jemanden fliehen sehen?“, fragte Leon mit großen Augen. „Wie sah er aus?“

„Ich … ich weiß nicht“, erwiderte Kim. „Es ging alles so schnell.“

Leon zupfte an seinem Ohrläppchen und dachte scharf nach. „Warum musste Johannes Furrer sterben?“, wisperte er.

Julian hob die Schultern. „Gute Frage …“

„Geld war jedenfalls nicht das Motiv“, sagte Kim.

Die beiden anderen sahen sie überrascht an.

„Wie kommst du denn darauf?“

„Schaut doch mal auf den Nachttisch“, flüsterte Kim. „Fällt euch nicht etwas auf?“

„Aber ja, jetzt sehe ich es auch“, meinte Julian aufgeregt. „Dort liegt der Geldbeutel von diesem Furrer!“

„Gut beobachtet, Kim“, lobte Leon die Freundin. „Also kein Raubmord.“

„Lasst den Infirmarius durch!“, rief jemand in diesem Moment.

Die Menge bildete eine Gasse, und ein Mönch schritt hastig heran. Kurz untersuchte der Arzt den Mann, der regungslos auf dem Boden lag. Dann schüttelte er den Kopf.

„Tot", sagte der Infirmarius nur. „Ist Adalung schon verständigt worden?"

„Der *Abt*?", fragte Wenzel verdattert. „Oh ja, der Abt! Richtig, den sollten wir verständigen. Er muss für eine, äh, Untersuchung des Vorfalls sorgen."

„Allerdings", sagte der Infirmarius etwas ungehalten. „Denn das, was du einen Vorfall nennst, Wenzel, war ein Mord!"

„Ist ja schon gut", beeilte sich Wenzel zu sagen. Unwirsch wandte er sich an die Umstehenden: „Und jetzt alle raus hier. Bitte tratscht nicht alles herum", fügte er mit wenig Hoffnung in der Stimme hinzu.

Auch die drei Freunde verließen den Raum mit der Leiche.

Unten im Schankraum wurde wild spekuliert. Jeder hatte eine andere Theorie, was sich im Gastzimmer oben abgespielt haben könnte. Da Wenzel ihnen keine neuen Anweisungen gab, setzten sich die Freunde an einen freien Tisch.

„Es war also kein Raubmord", wiederholte Leon. „Aber was hat der Täter dann gewollt?"

„Vielleicht wollte er doch Geld stehlen, wurde aber von Kim gestört“, wandte Julian ein.

Kim zog die Augenbrauen hoch. „Glaube ich nicht. Das Bett mit dem Nachttisch, auf dem der Geldbeutel lag, steht gleich neben dem Fenster. Der Mörder hätte den Beutel auf der Flucht nur mitnehmen müssen. Nein, ich sage euch: Der Täter hat etwas ganz anderes gewollt!“

„Aber was? Was könnte das Motiv gewesen sein?“, wollte Leon wissen.

„Eifersucht, Rache, Schulden – es gibt so viele Möglichkeiten“, meinte Julian. „Wir haben momentan leider keinen Anhaltspunkt.“

„Vielleicht hat der Mord etwas mit dem Teufelstrank zu tun“, sagte Kim unvermittelt.

„Wie kommst du denn da drauf?“

Kim hob die Schultern. „Keine Ahnung, vielleicht weil ich heute Abend gehört habe, wie einige Männer über den Trank sprachen.“

„Reiner Zufall“, sagte Leon und winkte ab.

Das Mädchen blickte ihn ernst an. „Ich für meinen Teil glaube nicht an Zufälle.“

Der unheimliche Abt

Am nächsten Morgen weckte Wenzel sie beim ersten Hahnenschrei.

„Hopp, aufstehen! Fürs Schlafen werdet ihr nicht bezahlt!“, rief er. „Auf euch wartet Arbeit!“

„Jetzt schon?“, fragte Kim und gähnte.

„Allerdings. Ihr werdet Furrers Sachen hier auf den Dachboden schaffen.“

„Wie bitte?“

„Ihr habt richtig gehört“, bestätigte der Wirt. „Geht in das Zimmer und bringt Furrers Habseligkeiten hier rauf. Nur seinen Geldbeutel werde ich verwahren. Das Zimmer muss leer geräumt werden, weil ich es weitervermieten will. Ich werde Furrers Sachen auf dem Dachboden aufbewahren, bis sich seine Angehörigen melden … falls er welche hat. Ansonsten gehen die Sachen wohl in den Besitz des Klosters über.“

„Das geht aber schnell. Ich meine, das mit dem Weitervermieten“, bemerkte Kim.

Wenzel sah sie fragend an. „Was glaubst du denn?

Sollen wir aus dem Zimmer einen Wallfahrtsort machen? So ein Quatsch! Ich muss zusehen, dass so rasch wie möglich wieder Normalität einkehrt. Die ersten erzählen schon, dass auf meiner Herberge ein Fluch liegt. Kannst du dir vorstellen, was das für mich heißt?"

Kim blickte zu Boden und schwieg.

„Am besten wächst ganz schnell Gras über die Sache. Das wäre nicht nur gut für mich, sondern auch für das ganze Kloster. So, jetzt haben wir genug gequatscht", sagte Wenzel barsch. „Holt Furrers Sachen rauf. Ich gehe mit runter und zeige euch, was ihm alles gehört hat."

In Furrers Zimmer kniete Gertrud vor dem Bett und versuchte, den Blutfleck aus dem Holz zu schrubben. Doch der dunkle Fleck schien hartnäckig zu sein.

„Ein Zeichen", murmelte sie. „Es ist ein Zeichen."

„Was redest du da?", herrschte Wenzel seine Frau an.

Sie sah zu ihm hoch. Ihr Gesicht war kreideweiß und unter ihren Augen zeichneten sich dunkle Ringe ab. „Es ist ein Zeichen, sage ich dir. Der Fleck lässt sich nicht entfernen. Der Allmächtige will nicht, dass er weggeht. Oder es ist etwas ganz anderes im Spiel, vielleicht sogar …"

„Schweig, dummes Weib!", schrie Wenzel und hob die Hand, als wollte er seine Frau schlagen.

Augenblicklich beugte sich Gertrud wieder über den Fleck und schrubbte wie besessen. Dabei murmelte sie ein Gebet vor sich hin.

„Und ihr!“, bellte der Wirt die Freunde an. „Ihr nehmt den Mantel dort, den Beutel und die Kleidungsstücke auf dem Stuhl. Und dann rauf damit. Wir sehen uns danach in der Schenke. Auf geht's!“

Kim trug den Mantel die Leiter hinauf. Kija, die sich bisher im Hintergrund gehalten hatte, sprang plötzlich aufgeregt um das Mädchen herum.

„Vorsicht, sonst fall ich noch über dich“, sagte Kim. „Wir können nachher spielen.“

Doch die Katze gebärdete sich weiter merkwürdig. Irgendetwas schien sie zu beunruhigen.

„Was hast du, Kija?“, fragte Kim.

Kija maunzte und lief weiter um Furrers Sachen herum.

„Habt ihr eine Idee, was uns Kija sagen möchte?“, fragte Kim ihre Freunde, während sie die Katze auf den Arm nahm und streichelte.

„Nö“, sagte Julian. „Vielleicht ist ihr ja einfach nur langweilig. Kommt, lasst uns lieber runtergehen. Wenzel ist heute ganz schön gereizt.“

„Allerdings“, meinte Leon. „Außerdem hat er es verdammt eilig, den Mordfall zu vergessen und zur Tagesordnung überzugehen, meint ihr nicht auch?“

„Ja, das ist mir auch aufgefallen. Dass der Mordfall schlecht für sein Geschäft ist, ist mir schon klar", sagte Kim. „Aber Wenzel übertreibt es. Ich finde sein Verhalten sehr ungewöhnlich. Um nicht zu sagen: verdächtig."

Julian runzelte die Stirn. „Was wollt ihr damit sagen? Etwa, dass Wenzel der Mörder ist?"

Kim und Leon schwiegen.

„Seid bloß vorsichtig mit solchen Verdächtigungen", warnte Julian. „Wir haben keine Anhaltspunkte dafür, dass Wenzel hinter der Sache steckt."

„Richtig", gab Kim zu. „Wir haben überhaupt zu wenige Anhaltspunkte. Und dagegen müssen wir etwas unternehmen. Wir sollten uns im Kloster umhören und möglichst viel über Furrer in Erfahrung bringen. Was wollte er hier? Mit wem hat er sich getroffen? Vielleicht bringt uns das auf die Fährte des Mörders."

Wenzel scheuchte sie den ganzen Vormittag durch die Pilgerherberge. Sie fegten den Schankraum, spülten Geschirr, bedienten die Mittagsgäste und halfen Gertrud in der Küche. Die Frau des Wirts, ohnehin nicht sehr redselig, hatte seit dem Morgen keinen Ton mehr von sich gegeben. Ihr Gesicht war immer noch weiß wie ein Leintuch.

Am frühen Nachmittag wurde Johannes Furrer von einigen Benediktinermönchen in aller Stille auf dem Klosterfriedhof beigesetzt. Niemand war zu der Beerdigung eingeladen worden. Neugierige wurden von den Mönchen höflich, aber bestimmt abgewiesen. So war es auch den Freunden ergangen, die von Wenzel zwei Stunden freibekommen hatten und durch das Kloster streiften, um Ermittlungen anzustellen. Sie hatten schon einige Händler, Handwerker und Pilger befragt. Zwar war der Mord *das* Thema in der Klosteranlage, aber niemand kannte Johannes Furrer oder hatte etwas über ihn gehört. Nun standen die Freunde unschlüssig vor dem Friedhofstor.

„Irgendwie habe ich das Gefühl, dass dieser Mord unter den Teppich gekehrt werden soll“, meinte Leon düster. „Jedenfalls scheinen das Wenzel und die Mönche zu wollen.“

„Ja, den Eindruck habe ich auch“, stimmte Julian ihm zu. „Aber vielleicht haben einige auch nur Angst. Immerhin läuft der Mörder noch frei herum.“

Plötzlich kam Leon ein schrecklicher Gedanke. „Sag mal, Kim: Kann es sein, dass der Mörder dich gesehen hat, als er vom Tatort geflohen ist?“

„Wieso?“

„Weil du in diesem Fall in höchster Gefahr schweben würdest!“, rief Leon. „Womöglich will der Mörder dich beseitigen, weil er fürchtet, dass du ihn wieder erkennen könntest!“

„Nein“, sagte Kim schnell. „Er hat mich bestimmt nicht gesehen. Schließlich hat er mir ja den Rücken zugewandt. Sonst hätte ich sein Gesicht sehen müssen.“

„Klingt logisch“, sagte Leon ein wenig erleichtert. „Kommt, lasst uns gehen. Hören wir uns an den Ständen der Händler um. Vielleicht kannte ja doch einer von ihnen Johannes Furrer.“

Die Freunde gingen los. Auf dem schmalen Weg kam ihnen ein junger Mönch entgegen. Er trug die typische Kleidung der Glaubensbrüder: handgenähte Lederschuhe, ein weißes Leinenhemd und darüber die *Kakulle,* das weite Obergewand mit einer Kapuze. An seinem Gürtel hingen ein Rosenkranz aus Holzperlen und ein Essmesser.

„Seid gegrüßt“, sagte der Mönch freundlich. Er hatte weiche, hübsche Gesichtszüge. „Nach euch habe ich gesucht. Was für eine edle Katze ihr dabeihabt.“ Er beugte sich zu Kija hinab und streichelte ihr über den Kopf.

„Was verschafft uns die Ehre?“, erwiderte Julian nicht weniger höflich.

Der Mönch fuhr sich über die *Tonsur,* die kreisrund ausrasierte Stelle des Kopfhaares. Dann warf er einen Blick über die Schulter und meinte leise: „Es geht um diesen Toten, Gott steh uns bei." Er blickte Kim direkt in die Augen. „Wir haben erfahren, dass du den Mörder gesehen hast."

Das Mädchen schüttelte den Kopf. „Ich habe nur eine Gestalt fliehen sehen, mehr leider nicht", korrigierte sie.

Der Mönch lächelte verlegen. „Dennoch: Unser Abt Adalung wünscht, dich zu sprechen. Jede Kleinigkeit, die dir aufgefallen ist, kann von großer Bedeutung sein. Der Täter muss schließlich rasch gefasst und seiner gerechten Strafe zugeführt werden. Unser Abt wird nicht eher ruhen, bis der Täter gestellt ist. Adalung selbst hat die Ermittlungen übernommen."

„In Ordnung, ich komme mit", sagte Kim. „Aber meine Freunde möchte ich dabeihaben."

Der Mönch deutete eine Verbeugung an. „Warum nicht? Aber ich kann euch nicht versichern, dass der Abt dies gutheißt. Wir werden es sehen. Folgt mir. Ich werde euch zu den Gemächern des Abtes bringen. Sie liegen übrigens neben unserer Bibliothek mit dem *Scriptorium*."

Unterwegs stellte sich der junge Mönch vor. Er hieß Quirinus und war der *Fra Botanicus*.

„Was ist das?", wollten die Freunde wissen.

„Ich bin für die Pflege der Gärten verantwortlich", erklärte Quirinus. „Jeder Bruder im Kloster hat seine

Aufgabe. Der *Bursar* zum Beispiel kümmert sich um die Finanzen des Klosters, der *Camerarius* um die Küche, die Brauerei und die Bäckerei, der *Sacratarius* um die Ausstattung der Kirche und der *Vestiarius* um unsere Kleidung und das Bettzeug, um nur ein paar Aufgaben zu nennen."

„Dann kennst du dich wohl auch gut mit Kräutern aus?", fragte Kim neugierig.

„Oh ja!", rief Quirinus begeistert. „Unser Abt Adalung hat mich persönlich unterrichtet. Er weiß unglaublich viel über die Heilkraft der Kräuter. Unser *Herbarium* sucht seinesgleichen. Wir haben wunderbare Heilkräuter bei uns angepflanzt, und sie gedeihen prächtig. Huflattich, der gut gegen Husten wirkt, oder das Wiesenschaumkraut, welches wir mit Erfolg bei Entzündungen der Schleimhäute einsetzen. Unser Wissen sammeln wir in unseren Kräuter- und Arzneibüchern, die in unserem Scriptorium, dem Schreibsaal, stehen. Wenn ihr wollt, zeige ich euch den Kräutergarten gerne einmal. Ich freue mich immer, wenn sich jemand für meine Arbeit interessiert. So, hier sind die Gemächer des Abtes."

Sie hatten ein unscheinbares Gebäude hinter der Basilika erreicht. Quirinus klopfte an eine grobe Holztür.

„Herein", ertönte eine Stimme.

Der junge Mönch schob die Freunde in einen düste-

ren Raum, dessen einziger Schmuck aus einem großen Kruzifix bestand, und zog sich augenblicklich zurück.

Ein auffallend großer Mann mit einem mürrischen Gesicht erhob sich hinter einem Tisch. Er musterte die Freunde mit strengen Augen. Jeder Zoll der hageren Gestalt verströmte einschüchternde Autorität.

„Mein Name ist Adalung, wie ihr vermutlich wisst", sagte der Abt. Seine Stimme war rau.

„Ja, wir …", fing Julian an, wurde aber sofort unterbrochen.

„*Favete linguis*! Du redest dann, wenn du dazu aufgefordert wirst", stellte der Abt klar. „Und nehmt die Katze hoch. Ich will nicht, dass sie hier herumstreift."

Kija machte einen Buckel und fauchte leise. Überrascht sah der Abt zu ihr hinunter. Dann richtete er seinen kalten, forschenden Blick auf Kim.

„Berichte, was du in der vergangenen Nacht gesehen hast", verlangte er. „Und lass nichts aus."

Das Mädchen erzählte, was sie wusste, während Adalung in seinem Gemach auf und ab ging. Als Kim ihre Geschichte zu Ende erzählt hatte, war die Miene des Abts noch finsterer als zuvor.

„Ist das wirklich alles?", fragte er ungehalten.

Kim nickte.

Der Abt seufzte. „Das bringt uns nicht viel weiter. Es ist möglich, dass der Täter noch im Kloster herumläuft – *quod deus avertat*. Und nun geht!" Adalung setzte sich wieder hinter seinen Tisch und versank in Schweigen.

Die Freunde zogen sich geräuschlos zurück und traten in die Nachmittagssonne hinaus.

„Ein unheimlicher Typ", stellte Kim fest. „Und dann immer wieder dieses Latein. Habt ihr das verstanden?"

„Nö", gab Leon zu.

„Äh, ja", meinte Julian.

„Tu doch nicht so!", lachte Leon.

„Doch, ehrlich", meinte Julian. „*Favete linguis* heißt so viel wie: Hüte deine Zunge! Und *quod deus avertat* heißt, glaube ich: Was Gott verhüten möge. Mir macht der Lateinunterricht Spaß."

„Lasst uns nun zu den Händlern gehen", rief Kim, „und in Erfahrung bringen, ob nicht vielleicht doch jemand etwas über Johannes Furrer weiß."

Doch die vorsichtigen Nachforschungen der drei brachten auch diesmal nicht den gewünschten Erfolg. Furrer war im Kloster ein unbeschriebenes Blatt. Anscheinend hatte ihn niemand am Abend seines Todes gesehen.

Enttäuscht kehrten Leon, Julian und Kim in die Pilgerherberge zurück. Wenzel wartete bereits mit einer Menge von Aufgaben auf sie. Auch an diesem Abend füllte sich die Schenke bis auf den letzten Platz. Die

Befürchtung des Wirts, dass die Pilger und Geschäftsleute sein Haus meiden würden, erwies sich als gänzlich unbegründet.

Erst kurz vor Mitternacht durften die Freunde auf den Dachboden klettern. Leon ging mit einer Kerze in der Hand voran.

„Ach, du Schande!“, rief er, als er vor seinem Lager stand.

„Was ist los?“, fragte Kim müde.

„Seht doch nur!“, rief Leon. „Furrers Sachen: Sie sind durchwühlt worden!“

Das Versteck

Furrers Kleidung, die Kim ordentlich zusammengefaltet hatte, lag verstreut auf dem Boden herum.

„Merkwürdig!“, sagte Julian, während er den Mantel aufhob. „Da vorn liegt der Hut und dort der Beutel und die anderen Sachen. Also, für mich sieht es so aus, als wäre nichts entwendet worden. Komisch …“

„Nicht so voreilig“, sagte Kim und untersuchte das Wams. Dann griff sie in den geräumigen Lederbeutel. „Hhm, ich glaube, Julian hat Recht. Es scheint nichts zu fehlen.“

Leon hockte sich auf sein Lager. „Aber das ergibt keinen Sinn. Es muss etwas fehlen.“

„Nicht unbedingt“, widersprach Julian. „Vielleicht hat der Täter etwas gesucht, es aber nicht gefunden.“

„Reine Vermutung“, sagte Leon wenig überzeugt. „Schließlich ist Furrers Habe ziemlich überschaubar. Mich würde eher etwas anderes interessieren: Wer war hier oben?“

Kim hockte sich neben Leon. „Gute Frage. Lasst uns

methodisch vorgehen. Wer weiß überhaupt, dass Furrers Sachen hier oben sind?“ Ihre Freunde sahen sie überrascht an. „Wenzel“, führte Kim ihren Gedanken weiter aus.

„Vergiss seine Frau nicht“, ergänzte Leon.

„Na gut, Gertrud kommt auch infrage“, stimmte Kim ihm zu. „Aber Wenzel hat sich meiner Meinung nach schon einmal verdächtig verhalten. Ich werde das Gefühl nicht los, dass Wenzel etwas mit der Sache zu tun hat.“

Julian drehte Furrers Filzhut in den Händen. „Kann Wenzel überhaupt der Mörder gewesen sein?“

„Wie meinst du das?“

„Ganz einfach: Wo war er, als Furrer ermordet wurde? Hat ihn einer von euch beiden gesehen? Erinnert euch!“

Leon hob die Schultern. „In der Küche war er ganz sicher nicht, als Kim zu schreien begann.“

„Im Schankraum war er auch nicht“, ergänzte Julian. „Wer war der Erste, der auftauchte, als du geschrien hast, Kim?“

„Es war Wenzel“, sagte sie atemlos. „Aber was besagt das schon?“

„Das zeigt, dass Wenzel ganz in der Nähe des Tatorts gewesen sein muss!“, erklärte Julian. Seine Wangen glühten vor Aufregung.

Kim spielte nervös mit ihren Haaren. „Ich habe den Mörder durch das Fenster fliehen sehen. Wenn es Wenzel gewesen ist … wie ist der dann ins Haus und auf den Gang gelangt, der zu den Zimmern führt?“

„Lasst uns nachsehen, ob das möglich ist“, schlug Leon vor.

Sie schlichen aus der Herberge und gingen zu dem rückwärtigen Fenster des Zimmers, in dem Furrer gewohnt hatte. Unmittelbar unterhalb des Fensters lag das Dach eines Ziegenstalls.

„Der Mörder floh durch das Fenster, sprang auf das Dach, rannte zu einem anderen Fenster und kletterte wieder in die Herberge. Kurz darauf stand er ganz unschuldig neben Kim“, überlegte Leon laut.

„Ein kühner Fluchtweg“, überlegte Kim etwas unschlüssig. „So wäre Wenzel seinen möglichen Verfolgern ja ganz bewusst in die Arme gelaufen.“

„Mag sein“, sagte Leon. „Aber wer wäre schon auf die Idee gekommen, Wenzel zu verdächtigen?“

Ein Miauen ließ die Gefährten zu Boden sehen.

„Hast du eine andere Theorie, Kija?“, fragte Kim.

Die Katze maunzte erneut und diesmal mit mehr Nachdruck. Dann lief sie auf die Herberge zu.

„Meint ihr, sie will uns etwas zeigen?“, fragte Julian.

„Wäre ja nicht das erste Mal“, erwiderte Kim und setzte sich in Bewegung.

Elegant glitt die Katze durch die stille Herberge. Die Freunde folgten ihr auf Zehenspitzen und erreichten wieder den Dachboden, wo sie eine Kerze anzündeten.

„Wenn du mich ins Bett bringen wolltest, war das eine prima Idee von dir“, sagte Leon zur Katze und gähnte herzhaft. „Ich bin total müde.“

Doch Kija hatte offenbar etwas anderes im Sinn. Sie lief zu Furrers Mantel und legte eine Pfote auf den linken Ärmel.

„Was ist?“, fragte Kim. Sie kauerte sich neben die Katze.

Kija fuhr die Krallen aus und kratzte über den Stoff des Mantels. Ihre Augen waren weit geöffnet, die Ohrmuscheln nach vorn gedreht.

„Vielleicht will sie ja spielen“, vermutete Leon und ließ sich auf seinen Strohsack fallen.

„Unsinn“, widersprach Kim. „Sie will uns auf etwas hinweisen. Auf etwas, was mit diesem Mantel zu tun hat!“ Sie begann den Ärmel abzutasten. „Was ist denn das?“, fragte sie plötzlich.

Seufzend erhob sich Leon und kam mit Julian zu ihr.

„Hier, spürt ihr das auch?“, meinte Kim. „In dem Ärmel knistert etwas.“

Leon und Julian tasteten den Ärmel ab.

„Stimmt, sieht so aus, als wäre da etwas eingenäht!“, rief Leon.

Kim stand auf. „Wir brauchen etwas Spitzes“, sagte sie aufgeregt. „Gib mir mal dein Taschenmesser, Julian.“

Vorsichtig schlitzte Kim eine Naht des Ärmels auf. Die Katze ließ das Mädchen nicht aus den Augen und wurde immer aufgeregter. Ihr Schwanz peitschte von einer Seite auf die andere.

Jetzt war die Naht geöffnet. Behutsam griff Kim in das Futter und förderte ein paar Blätter und Wurzeln zutage. Die Pflanzen hatten eine seltsame Form. Sie glichen einem menschlichen Körper, dem Blätter aus dem Kopf wuchsen.

Leon wunderte sich. „Was soll das sein? Eine Notration an Essen?“

„Nein, das kann nicht sein“, meinte Kim. „Niemand würde sich solche Mühe geben, eine Notration zu verbergen. Ich glaube eher, dass es sich um eine kostbare Pflanze handelt.“

„Worauf willst du hinaus?“, wollte Julian wissen. Dann dämmerte es ihm. „Meinst du etwa, dass dieses Zeug etwas mit dem Teufelstrank zu tun hat?“

Kim runzelte die Stirn. „Möglich wäre es. Sicher ist, dass diese Kräuter sehr wertvoll sein müssen. Sonst hätte Furrer niemals ein so gutes Versteck für sie ausgewählt.“

„Und genau dieses Versteck hat der Mörder nicht gefunden“, wisperte Julian. „Aber Kija ist es geglückt!“

Anerkennend streichelte er der Katze über den Kopf. Sie begann zu schnurren.

„Mein Gott, muss dieses Kraut wertvoll sein, wenn man deswegen jemanden umbringt“, meinte Leon. Er nahm eine der Wurzeln und betrachtete sie im Kerzenschein. „Was ist das für eine Pflanze?“

„Das sollten wir herausfinden, natürlich ganz unauffällig“, schlug Kim vor. „Und zwar gleich morgen. Lasst uns Quirinus besuchen. Er kennt sich doch bestens mit Kräutern aus. Der alte Gottfried käme ebenso infrage.“

„Oder Adalung. Er ist auch ein Pflanzenexperte“, ergänzte Julian.

„Lieber Quirinus“, meinte Leon. „Der ist viel netter als der Abt.“

„Da hast du allerdings Recht“, stimmte Kim ihm zu. „Jetzt brauchen wir aber auch ein gutes Versteck für die Blätter und die Wurzeln.“

Julian streckte die Hände aus. „Gebt sie mir. Ich kann sie in dem Beutel an meinem Gürtel verwahren.“

„In Ordnung. Aber pass gut auf!“, ermahnte ihn Kim.

„Natürlich, was glaubst denn du?“, erwiderte Julian leicht ungehalten. „Ich werde das Kraut nicht aus den Augen lassen.“

„Das meine ich nicht“, sagte Kim. „Du sollst auf *dich*

gut aufpassen! Denn du bist jetzt im Besitz einer Sache, für die jemand offenbar über Leichen geht! Und vielleicht ist dieser Jemand sogar hier in der Herberge!“

Julian schluckte. Das hatte er gar nicht bedacht. Seine Hände schlossen sich um die Pflanze. Er ärgerte sich, dass seine Finger leicht zitterten.

Im Kräutergarten

Am nächsten Morgen erwähnten die Freunde ihre nächtliche Entdeckung niemandem gegenüber. Julian hütete die Wurzeln und Blätter wie einen kleinen Schatz. Die Freunde verrichteten ihre gewohnte Arbeit in der Herberge. Wenzel wirkte mürrisch und misstrauisch. Immer wieder glaubte Julian, dass der Wirt ihn scharf musterte. Aber das mochte auch nur Einbildung sein. Dennoch blieben Julian und seine Freunde auf der Hut und versuchten ihrerseits, den Wirt im Auge zu behalten.

Auch an diesem Nachmittag konnten die Gefährten die Herberge verlassen. Wenzel hatte sich mit Magenschmerzen zurückgezogen.

„Wir könnten einen der Mönche nach einem Aufguss fragen, der den Schmerz lindert“, hatte Kim scheinheilig angeboten.

Doch Wenzel hatte nur gebrummt: „Nein, lasst nur. Ich traue diesem ganzen Zeug nicht. Jetzt lasst mich in Ruhe. Verschwindet!“

Nur zu gerne kamen die Freunde diesem Befehl nach.

„Wir sollten zum Kräutergarten gehen“, schlug Kim vor. „Vielleicht finden wir dort Quirinus.“

Kurz darauf kamen sie zu dem Zaun, der den Garten einfriedete. Es war niemand zu sehen.

„Meint ihr, wir können da einfach hineingehen?“, fragte Julian.

„Na klar“, erwiderte Kim und zog das Gartentor auf.

Die Freunde tauchten in die Welt des Lorscher Kräutergartens ein. Sauber angelegte Beete reihten sich aneinander. Hier und dort rankten Pflanzen an Stäben empor. Mal duftete es lieblich, mal eher streng und würzig. An einem Beet mit Baldrian blieb Kija stehen und schnüffelte begeistert. Nur mit einiger Mühe konnte Kim sie dazu bewegen, weiterzulaufen.

An einem Beet stand gebückt ein Mönch. Dort wuchs ein hohes Kraut mit weißen Blüten. Als der Mönch die Schritte hörte, richtete er sich auf. Es war Quirinus.

„Gott grüße euch!“, rief er fröhlich. „Was führt euch in unser Herbarium?“

„Dem Wirt Wenzel geht es nicht besonders“, erzählte Kim freundlich. „Er hat Probleme mit dem Magen.“

„Der Ärmste“, meinte Quirinus. „Aber vielleicht sind wir hier genau richtig. Wisst ihr, was das ist?“ Er deutete auf die Pflanzen vor ihm.

Die Freunde schüttelten die Köpfe.

„Es ist Kümmel", erklärte Quirinus. „Jetzt im Sommer können wir die Samen ernten. Mit Wasser aufgekocht lösen sie Krämpfe und stärken den Magen. Ich werde euch nachher ein Säckchen davon für den Wirt Wenzel mitgeben. Soll ich euch ein wenig im Herbarium herumführen?"

„Oh ja, sehr gern!"

Quirinus wanderte mit den Freunden durch den Garten und erklärte ihnen den Nutzen der verschiedenen Kräuter. Vor einem fast zwei Meter hohen Gewächs mit violetten Blüten blieb er stehen.

„Das ist das Beinwell. Es braucht viel Sonne und einen feuchten Boden. Aus den Wurzeln machen wir Umschläge, die sehr gut gegen Quetschungen und Verstauchungen sind", dozierte der Botanicus.

„Wirklich sehr interessant", sagte Julian. Nervös knetete er den Beutel an seinem Gürtel. Sollte er es wagen, den Fachmann zu fragen, was es mit der geheimnisvollen Wurzel auf sich hatte?

Inzwischen war Quirinus weitergegangen und deutete auf ein Beet mit kleinen orangefarbenen Pflänzchen. „Seht nur, die Ringelblume", rief er. „Ein sehr genügsames Pflänzchen mit großer Heilwirkung. Sehr gut zu gebrauchen als Aufguss gegen Entzündungen im Mund."

Julian warf seinen Freunden fragende Blicke zu. Sowohl Leon als auch Kim nickten.

„Quirinus“, hob Julian an. Der Mönch drehte sich um und sah den Jungen aufmunternd an. „Ich habe hier etwas, was wir dir zeigen wollen.“ Julian nahm den Beutel vom Gürtel, öffnete ihn und zeigte dem Mönch die Blätter und Wurzeln.

„Kannst du uns sagen, was das ist?“, fragte Julian.

Quirinus kniff die Augen zusammen. „Hmh“, meinte er. Eine Minute verstrich, in der Quirinus die Pflanzen genau untersuchte. „Das habe ich noch nie gesehen“, sagte der Mönch schließlich. „Es scheint mir aber keine Heilpflanze zu sein, denn sonst müsste ich sie eigentlich kennen. Ihr könnt sie aber gerne bei mir lassen. Ich könnte sie noch eingehender untersuchen oder den Mitbrüdern zeigen, die sich ebenfalls mit Kräutern auskennen.“

„Nein, vielen Dank“, sagte Julian schnell, griff nach den Pflanzen und verstaute sie wieder in dem Beutel an seinem Gürtel.

„Wie ihr wollt“, sagte Quirinus. „Dann lasst mich euch diese Pflanze hier erläutern. Die Malve …“

Noch eine halbe Stunde erklärte Quirinus den dreien die verschiedenen Heilpflanzen in seinem Kräutergarten. Dann schlug die Kirchturmglocke.

„Oh, ich muss in die Kirche“, sagte der Mönch. „Der

Gottesdienst zur *Nona* steht an. Alle drei bis vier Stunden versammeln wir uns zum Gebet. Ich muss mich beeilen! Macht's gut! Gott sei mit euch!"

„Jetzt sind wir auch nicht schlauer als zuvor", bedauerte Leon, sobald der Mönch außer Hörweite war.

„Wir sollten zu Adalung gehen. Immerhin hat er Quirinus ausgebildet. Vielleicht weiß er, was es mit dem Kraut auf sich hat", meinte Kim.

„Lieber nicht", sagte Julian. „Ich mag den Abt nicht. Er ist irgendwie so … unheimlich. Lasst uns lieber diesen alten Gottfried suchen."

Doch Kim und Leon wollten zuerst zu Adalung. Er sei bestimmt viel gebildeter als Gottfried, argumentierten sie. Widerstrebend gab Julian nach.

Also warteten die Kinder vor den Gemächern des Abtes auf das Ende des Gottesdienstes und spielten mit Kija.

„Was wollt denn ihr hier?" Eine schroffe Stimme ließ sie hochfahren.

Julian, Leon und Kim wandten sich erschrocken um. Vor ihnen stand der Abt, als wäre er urplötzlich aus dem Boden gewachsen wie eines der wundersamen Heilkräuter im Herbarium.

„Wir haben … haben nur eine kleine Frage", stotterte Julian.

„Aber ich habe keine Zeit", antwortete der Abt mürrisch, während er einen großen Schlüssel ins Schloss der Tür rammte. „Eine schreckliche Tat ist an diesem sonst so friedlichen Ort Gottes geschehen. Ich muss meine ganze Kraft darauf verwenden, den Mörder zu ergreifen. Ich lasse nicht nur im Kloster Ermittlungen anstellen, sondern auch in den umliegenden Dörfern."

„Wisst Ihr denn schon, wer der Mörder ist?", fragte Julian.

Unwillig schüttelte der Abt den Kopf. „Nein", sagte er, „das ist es ja. Also, haltet mich nicht länger auf."

Julian ließ nicht locker. „Bitte", sagte er, „es geht ganz schnell. Wir wollen Euch nur etwas zeigen."

Adalung, der schon halb in der Tür stand, seufzte. „Nun gut, kommt rein. Aber fasst euch kurz!"

Die drei Freunde betraten hinter dem Abt den Raum. Sobald Adalung an seinem Tisch Platz genommen hatte, breitete Julian seinen Schatz vor dem unheimlichen Abt aus.

„Könnt Ihr uns sagen, um welches Kraut es sich hierbei handelt?", fragte er.

Adalung runzelte die Stirn. „Nein, das kenne ich nicht", sagte er. Dann beugte er sich weit vor und sah Julian tief in die Augen. Dem Jungen war es, als würde Adalung mitten in sein Herz sehen. Schauer liefen ihm über den Rücken.

„Aber jetzt sagst du mir, mein Junge", forderte der

Abt mit eisiger Stimme, „woher du dieses seltsame Kraut hast!“

Julian wich einen Schritt zurück, bis er seine Freunde in seinem Rücken spürte.

„Äh, gefunden“, entgegnete er schnell. „Es lag auf dem Weg.“

„Auf welchem Weg?“

„In der Nähe der Mauer, vorn bei der Torhalle.“

Nun senkte der Abt seinen Blick, der den Jungen die ganze Zeit verfolgt hatte wie ein Raubvogel eine fliehende Maus.

„Das klingt mir sehr unwahrscheinlich“, knurrte er ungehalten. „Aber womöglich hat es eine der Kräuterfrauen aus dem Dorf verloren.“

„Ja!“; rief Julian erleichtert. „So wird es gewesen sein. Und jetzt wollen wir Eure Zeit nicht länger beanspruchen. Vielleicht kennt der alte Gottfried den Namen und die Herkunft des Krauts. Er wohnt ja im Dorf. Wenn Ihr wollt, werden wir Euch benachrichtigen, falls Gottfried etwas weiß.“

Adalung lachte höhnisch auf. „Gottfried? Der alte Narr! Er glaubt sich auszukennen mit den Schätzen der Natur. Aber es reicht nicht, im Wald umherzustreifen und ein paar Beeren und Wurzeln zu sammeln. Oh nein, Gott behüte! Hier in unserem Kloster ist das Wissen über die Kräuter gesammelt und nur hier. Ein einfacher

Bauer wie Gottfried hat dieses Wissen nicht und wird es auch nie erlangen!“

„Schon gut“, erwiderte Julian und trat mit seinen Freunden den Rückzug an. „War nur eine Idee …“

Der Abt sagte nichts mehr. Die Freunde verließen sein düsteres Gemach.

„Puh, ich bin froh, dass wir da raus sind“, stöhnte Julian vor der Tür. Dichte Wolken waren aufgezogen. Es hatte zu nieseln begonnen.

„Ich auch“, stimmte Kim ihm zu. „Ein komischer Typ. Immer so ernst und ganz schön überheblich. Aber jetzt lasst uns bei Quirinus schnell den Kümmel holen. Dann müssen wir in die Herberge zurück. Wenzel wartet sicher schon!“

So war es. Der Wirt empfing sie schnaubend vor Wut. „Wo habt ihr gesteckt? Eine Menge Arbeit wartet auf euch!“, schnauzte er die Freunde an.

„Hier, das ist für dich“, sagte Kim mit einem unschuldigen Augenaufschlag und reichte dem Wirt einen kleinen Beutel. „Das haben wir von Quirinus. Es ist Kümmel. Er soll gut gegen Magenbeschwerden sein.“

Doch Wenzel winkte ab. „Davon halte ich nichts. Ich bin doch kein Kräuterweiblein. Übrigens weiß ich, dass ihr ein Geheimnis vor mir habt! Immer wieder verschwindet ihr im Kloster und stellt den Leuten seltsame Fragen. Glaubt bloß nicht, dass ich das nicht weiß! Dieses Kloster hat überall Ohren! Und ich habe überall Freunde! Bald werde ich dahinterkommen, was ihr vor mir verbergt, das schwöre ich euch! Und wenn es sich herausstellen sollte, dass ihr mich in irgendeiner Form hintergeht, dann Gnade euch Gott!“

Der Schatten

Den ganzen frühen Abend warteten die Freunde darauf, erneut aus der Herberge entwischen zu können. Lange Zeit sah es so aus, als ob es ihnen heute nicht gelingen würde, den alten Gottfried zu besuchen. Doch dann gegen acht Uhr half ihnen ein Zufall. Die Schenke, die heute ohnehin nicht so stark besucht war wie an den bisherigen Abenden, leerte sich rasch. Und um halb neun verschwand der letzte Gast.

„Auch gut“, knurrte Wenzel hinter seinem Tresen und wischte sich die Hände an der speckigen Lederschürze ab. „Dann sperre ich eben zu.“

Die Freunde interpretierten das als Aufforderung, sich nach oben auf den Dachboden zu verziehen. Der Wirt unternahm keine Anstalten sie aufzuhalten. Auf dem Dachboden warteten sie noch ein wenig, bis keine Geräusche mehr aus dem Schankraum zu ihnen heraufdrangen.

Dann wagten sie sich wieder hinunter in den ersten Stock. Sie huschten an den Gästezimmern vorbei zum

Fenster und kletterten auf das Dach des Stalls. Immer darauf bedacht, keinen Lärm zu verursachen, gelangten die drei sicher auf den lehmigen Boden hinter der Pilgerherberge. Es hatte begonnen zu nieseln.

„Das wäre geschafft“, sagte Julian erleichtert. „Jetzt müssen wir nur noch herausfinden, wo genau Gottfried wohnt.“

„Ich glaube kaum, dass es schwierig sein wird, das zu klären“, vermutete Kim. „Lasst uns im Dorf fragen. Dort wird man Gottfried sicher kennen.“

Kija stürmte voran. Leichtfüßig flitzte sie durch das Tor der Klosteranlage. Kim fragte den Wächter, der dort stand, nach dem Weg zum Dorf. Der Mann schaute sie verwundert an, deutete dann aber auf den einzigen Weg, der vom Kloster wegführte.

„Immer an der Weschnitz entlang. Das könnt ihr gar nicht verfehlen“, sagte er, ohne den Kindern weitere Fragen zu stellen.

Die Weschnitz entpuppte sich als ein träge dahinströmender Fluss. Der Weg führte zunächst ein Stück bergab durch den Wald. Plötzlich blieb Kim stehen und drehte sich um.

„Habt ihr das auch gehört?“, fragte sie ihre Freunde.

„Was denn?“

„Da haben Zweige geknackt“, erklärte Kim. „Direkt hinter uns.“

„Vielleicht irgendein Tier“, vermutete Leon.

„Ja, vielleicht“, flüsterte Kim. „Aber womöglich hat ein Mensch, der uns nachschleicht, dieses Knacken verursacht.“

„Das bildest du dir bestimmt nur ein“, sagte Julian ebenso leise.

Kim suchte den Wald mit den Augen ab. Langsam kroch die Dämmerung zwischen die dunklen Stämme.

„Da!“, stieß Kim hervor. „Da hat sich etwas bewegt! Ein Schatten!“

„Wo?“

„Da, gleich neben der großen Eiche!“

„Ich sehe nichts“, sagte Julian mit bebender Stimme. „Vielleicht wäre es besser, wenn wir zurückgingen.“

„Unsinn!“, antwortete Leon. „Bestimmt sind wir gleich im Dorf. Wir dürfen jetzt nicht die Nerven verlieren. Kommt!“

Entschlossen ging er voran. Aber auch er blieb wachsam. Immer wieder musterte er aufmerksam den Wald. Zum Glück tauchte bald die erste Bauernkate auf. Die Freunde konnten aufatmen.

Eine junge Frau, die an einem Brunnen Wasser schöpfte, wies den Freunden den Weg zu Gottfried.

„Seine Hütte liegt ein Stück im Wald“, sagte sie.
Dann ging ein Ruck durch ihren Körper und ihre Augen verengten sich. „Was wollt ihr denn von dem?“

„Mal Guten Tag sagen“, erwiderte Kim ausweichend.

„Ich glaube dir kein Wort“, sagte die Frau. „Niemand geht einfach so zu Gottfried. Es sei denn, er ist sehr, sehr krank und braucht jemanden, der sich gut mit Kräutern auskennt. Ihr seht nicht krank aus.“

„Warum geht niemand zu ihm?“

Die Frau verzog ihr Gesicht zu einem schiefen Grinsen. „Weil er mit finsteren Mächten im Bunde ist, hört ihr? Mit dem Teufel!“

„Ach wirklich?“

„Aber ja! Er hat kein Weib und lebt ganz allein am Waldrand. Das gehört sich nicht, das ist gegen den Willen Gottes! Das tut nur jemand, der etwas zu verbergen hat. Und außerdem hinkt Gottfried. Das ist die Strafe Gottes für eine Sünde, die er begangen hat!“ Die Frau bekreuzigte sich, nahm den Wassereimer und verschwand in ihrer Kate.

„Sollen wir nicht doch lieber umkehren?“, fragte Julian.

Leon verdrehte die Augen. „Ich kann Gottfrieds Hütte schon sehen. Lasst uns hingehen!“

Kim war Leons Meinung. Also liefen die Freunde auf Gottfrieds ärmliche Behausung zu. Die Kate duckte sich unter den Ästen einer mächtigen Blutbuche. Die Wände der Hütte bestanden aus einem Weiden- und Haselrutengeflecht, das mit einer Mischung aus Lehm,

Mist und Stroh ausgefüllt worden war. Neben der Kate stand ein windschiefer Stall. In einem Gehege hockte ein einsames Huhn.

Vor der Tür blieben die Freunde stehen und lauschten. Es war nichts zu hören, nur das Rauschen des Waldes.

Urplötzlich fuhr Kim herum und sah etwas hinter einen Stamm huschen. War es ein Tier gewesen oder ein Mensch? Sie konnte es nicht sagen, doch nun war sie sich ganz sicher, dass jemand sie verfolgte.

„Alles klar?“, fragte Leon leise.

Kim nickte. Dann klopfte sie an die Tür. Im Inneren der Hütte waren schlurfende Schritte zu hören.

„Wer ist da?“, fragte eine heisere Stimme, die von einem Husten begleitet wurde.

„Nur drei Kinder“, rief Julian. „Wir wollen dich etwas fragen. Es geht um Kräuter.“

Die Tür schwang auf. Gottfried erschien mit einer Kerze in der Hand.

„In der Tat: drei Kinder … und eine Katze. Und was für ein schönes Tier“, sagte Gottfried.

Kija miaute und rieb ihren Kopf zutraulich an den Beinen des alten Mannes.

„Und euch geht es um Kräuter?“, fragte Gottfried.
„Dann seid ihr bei mir richtig. Aber was, um Himmels willen, führt euch abends zu mir?“

„Die Neugier", erwiderte Julian. „Dürfen wir hereinkommen?"

„Bitte sehr. Ich freue mich immer über Besuch", sagte Gottfried. „Kommt selten genug vor", fügte er bitter hinzu.

Der Boden der Kate bestand aus festgestampfter Erde. Eine Bank, ein Tisch, ein Stuhl und in einer Ecke einige Strohsäcke, die das Bett bildeten – das war die gesamte Inneneinrichtung. Über der Feuerstelle hing ein Kessel, aus dem ein scharfer Geruch nach Kräutern aufstieg. Dieser Geruch vermischte sich mit dem des Feuers, denn die Kate hatte keinen Schornstein. In der hinteren Wand gab es eine zweite Tür, die offenbar zum Stall führte.

„Setzt euch", bot Gottfried an und deutete auf die Bank. Während die Kinder sich hinhockten, musterte der Alte sie genau.

„Dich …", meinte er und deutete auf Kim, „dich habe ich doch schon einmal gesehen. Hilf mir auf die Sprünge … wo war das noch gleich wieder?"

„In der Pilgerherberge", antwortete Kim. „Wir arbeiten dort. Ich habe dich und ein paar andere Männer bedient. Dabei hörte ich auch, dass du dich gut mit Kräutern auskennst. Deswegen sind wir heute hier. Wir wollen …" Plötzlich blieb sie stehen und starrte zum einzigen Fenster der Kate. „Da ist er wieder!"

Alle Blicke waren auf sie gerichtet. „Wen meinst du?“

„Ich habe wieder diese Gestalt gesehen“, hauchte Kim.

Gottfried lachte hohl. Mit der Kerze ging er zum Fenster und spähte hinaus.

„Nein, da ist niemand“, sagte er. „Mach dir keine Sorgen. Abends im Wald sieht man manchmal Dinge, die es nicht gibt. Glaub mir, ich weiß, wovon ich spreche.“ Er kam zum Tisch zurück und setzte sich auf den einzigen Stuhl. Ein seltsamer Glanz erschien auf seinem runzeligen Gesicht. „Hier draußen im Wald passieren die seltsamsten Sachen, vor allem bei Vollmond. Und heute ist es wieder so weit“, sagte Gottfried betont langsam.

Julian begann, unruhig auf der Bank herumzurutschen. Am liebsten wäre er aufgestanden und gegangen. Aber das kam natürlich nicht infrage. Doch vielleicht konnte er den Besuch bei diesem seltsamen Gottfried ein wenig abkürzen. Also zog Julian den Beutel mit den unbekannten Pflanzenteilen hervor und legte ihn auf den Tisch. Behutsam knotete er das Lederbändchen auf und breitete seinen Schatz auf dem groben Tisch aus.

Im Licht der Kerze beugte sich der Alte darüber.

„Oh“, sagte er, „das ist wirklich sehr interessant. Das

ist sogar äußerst interessant!“ Mit spitzen Fingern nahm er eine der Knollen und untersuchte sie genau. Dann inspizierte er eines der getrockneten Blätter.

„Du kennst dieses Kraut? Was ist es?“, fragte Julian, der vor Neugier fast platzte.

„Natürlich kenne ich es“, sagte Gottfried.

In diesem Moment polterte etwas an die Tür.

„Was … was war das?“, fragte Julian mit bebender Stimme.

„Keine Ahnung“, erwiderte Gottfried. „Vielleicht erlaubt sich jemand einen dummen Scherz. Aber wie gesagt … hier im Wald passieren oft die merkwürdigsten Dinge. Ich schaue mal nach.“ Ächzend erhob er sich.

Kija sprang von der Bank auf den Tisch. Ihr Fell sträubte sich, als bestünde es aus Drahtborsten. Ihre Augen waren nur noch schmale Schlitze.

Kim beschlich plötzlich eine furchtbare Ahnung. „Halt, bleib stehen, Gottfried! Geh nicht!“, schrie sie.

„Ach was“, erwiderte der Alte und winkte ab. Schon war er an der Tür und zog sie auf. Ein Surren, ein Schrei. Gottfried taumelte rückwärts. In seinem Arm steckte ein Pfeil. Stöhnend sackte Gottfried auf die Knie.

Das zauberhafte Kraut

Geistesgegenwärtig sprang Leon auf und warf sich gegen die Tür, die heftig zuknallte. Ein weiterer Schlag gegen das Holz folgte.

Leon ahnte, dass der Schütze einen zweiten Pfeil abgeschossen hatte, der jetzt federnd in der Pforte steckte.

Kim und Julian hockten neben Gottfried. Der Alte hatte die Augen halb geschlossen und murmelte etwas vor sich hin, was niemand verstand.

Aus der Wunde an seinem Arm floss ein dünnes Rinnsal Blut.

„Oh Gott, was sollen wir nur tun?“, fragte Julian entsetzt.

„Wir müssen Hilfe holen!“, rief Kim. „Er braucht so schnell wie möglich einen Arzt!“

„Gut, ich laufe zum Kloster“, bot Leon an.

„Nein, du darfst diese Tür nicht öffnen!“, rief Julian voller Angst.

„Keine Panik“, erwiderte Leon und versuchte, ruhig zu wirken. „Ich nehme die andere Tür! Kümmert euch nicht um mich! Ich mach das schon. Bis gleich!“ Er stieß die hintere Tür auf und war verschwunden.

Kim holte zwei Säcke von Gottfrieds Bett und schob sie unter den Rücken des Verletzten.

Mit halb geschlossenen Augen murmelte der Alte: „Danke, aber es hat keinen Sinn mehr. Ich werde sterben.“

„Unsinn“, rief Kim, „gleich kommt Leon mit dem Infirmarius zurück.“

Gottfried schüttelte den Kopf. „Ich weiß nicht, ob er mir helfen kann. Ich bin ein alter Mann …“

„Was ist mit dem Pfeil? Sollen wir ihn herausziehen?“, fragte Julian. Er wollte etwas zu tun, um zu helfen. Aber er fühlte sich furchtbar machtlos.

Gottfried hustete. „Nein“, sagte er. „Das würde die Wunde nur vergrößern.“ Seine Stimme wurde leise, war nur noch ein Flüstern. „Das soll lieber der Infirmarius machen, falls er kommt...“

„Hast du einen Verdacht, wer auf dich geschossen hat?“, fragte Kim.

„Nein, ich habe eigentlich keine Feinde“, erwiderte der Alte. „Das dachte ich jedenfalls …“

Plötzlich huschte ein Lächeln über sein angespanntes Gesicht. „Das Kraut dort, das ist vermutlich eine Alraune. Von der Form her ähnelt sie einem Menschen. Sie stammt aus den Ländern südlich der Berge, aus den

Ländern am Meer. Man sagt der Alraune magische Kräfte nach. In unserem Land ist sie sehr selten und kostbar. Woher habt ihr sie?"

„Gefunden", erwiderte Julian. „Beim Kaufmann Furrer."

„Bei dem Mann, der ermordet wurde? Seltsam …"

Kim knabberte auf ihrer Unterlippe herum. Ihr lag eine Frage auf der Zunge, doch sie überlegte, ob sie diese stellen durfte. Sie gab sich einen Ruck. „Wir haben im Kloster vom Teufelstrank gehört. Und wir wollen …"

Der Alte riss die Augen auf, hob die Hand, um Kim zum Schweigen zu bringen und versuchte sich aufzurichten. Mit einem Stöhnen sank er zurück.

„Dieser Teufelstrank?", flüsterte er heiser. „Nehmt euch davor in Acht! Im Kloster hält sich schon länger das Gerücht, dass es diesen Trank wirklich gibt! Niemand weiß etwas Genaues. Einige Leute sind ganz verrückt danach. Denn der Trank soll unendliche Macht verleihen. Doch dafür musst du mehr zahlen, als dein Leben je wert sein kann. Du musst dem Teufel deine Seele versprechen!"

„Könnte die Alraune etwas mit dem Trank zu tun haben?", wollte Julian wissen.

Schwach nickte der Alte. „Gut möglich, denn die Alraune soll ihren Besitzer unverwundbar machen und ihm Glück, Reichtum sowie Gesundheit bringen. Deshalb ist sie auch so wertvoll."

Wieder hustete der Alte.

„Wann kommen Leon und der Infirmarius endlich?", fragte Kim verzweifelt. Sie strich dem alten Mann über die Stirn. Die Haut fühlte sich heiß an.

„Bestimmt kommt gleich Hilfe", wisperte sie tröstend zu Gottfried.

Der Alte lächelte schwach. „Glaubst du das wirklich? Die Leute erzählen sich böse Geschichten über mich."

„Das ist doch alles Unfug", antwortete Kim.

„Ja", erwiderte Gottfried, „aber die Leute meiden mich. Und wer weiß, ob der Infirmarius zu einem wie mir wirklich kommt."

In diesem Moment flog die Tür auf. Leon stürmte mit ein paar Männern herein. Einer von ihnen trug eine Mönchskutte. Es war der Infirmarius. Er schob Kim und Julian beiseite und beugte sich über Gottfried.

„Eine ziemlich große Fleischwunde", stellte der Infirmarius fest, nachdem er den Pfeil aus der Wunde gezogen hatte. „Aber du wirst es überstehen."

Die Freunde atmeten auf. Jetzt wandte sich der Mönch an sie und Gottfried. „Was hat sich hier zugetragen?", wollte er wissen. Stockend berichteten die Kinder, was sie wussten.

„Also hat niemand eine Ahnung, wer den Pfeil abgeschossen hat“, stellte der Mönch düster fest, als die Freunde zu Ende erzählt hatten. Er gab zwei Männern ein Zeichen. „Besorgt einen Karren. Wir bringen Gottfried ins Kloster. Er war immer ein gottesfürchtiger Mann und soll bei uns gesund gepflegt werden.“ Er warf einen Blick auf die Kinder. „Und ihr, ihr geht schleunigst nach Hause“, ordnete er an.

Kim nahm Kija auf den Arm und verließ als Erste die ärmliche Hütte. Leon und Julian folgten ihr. Vor der Kate blieben sie stehen. Es hatte aufgehört zu regnen, und der Vollmond lugte zwischen vereinzelten Wolken hervor.

„Das war bestimmt dieser Wenzel!“, zischte Kim. „Ich hatte die ganze Zeit das Gefühl, dass wir verfolgt werden!“

„Aber warum nur sollte er Gottfried etwas antun wollen?“, fragte Leon.

„Vielleicht wollte er nicht, dass wir hinter das Geheimnis der Alraune kommen“, erwiderte Kim. „Achtung, da kommen die Männer mit dem Karren.“

Die Freunde liefen ein Stück in den Wald hinein, um ungestört reden zu können.

„Lasst uns lieber zurück zum Kloster gehen“, sagte Julian. „Bestimmt wird es bald ganz dunkel.“

„Ja, gleich“, sagte Kim. „Ich will mich nur noch mal

kurz hier umsehen, wenn die anderen weg sind. Vielleicht finden wir eine brauchbare Spur."

„Eine Spur? Wie denn? Und eine Spur wovon?", wollte Julian wissen.

„Das weiß ich doch auch nicht. Aber ich will es wenigstens versuchen", erwiderte das Mädchen ungeduldig. „Kommen wir zu dieser Alraune zurück. Gottfried hat sofort erkannt, um welches Kraut es sich handelt. Wie kann es sein, dass sowohl Quirinus als auch der Abt nicht wussten, was das für eine Pflanze ist?"

Julian nickte. „Da hast du Recht. Zumindest Adalung hätte es doch eigentlich wissen müssen. Er soll doch der größte Fachmann im Kloster sein und hat Quirinus ausgebildet."

Leon begann an seinem Ohrläppchen zu zupfen. „Da fällt mir noch etwas ganz anderes ein! Wir haben nur Adalung gesagt, dass wir zu Gottfried gehen. Der Abt war der Einzige, der unser Ziel kannte!"

„Willst du damit sagen, dass Adalung der Täter ist?", fragte Kim ungläubig.

Leon hob die Schultern. „Nein, nicht direkt. Aber die Möglichkeit besteht immerhin."

Für kurze Zeit herrschte nachdenkliches Schweigen.

„Dann haben wir zwei Verdächtige", meinte Julian schließlich. Er warf einen Blick auf die Hütte. „So, jetzt ist auch der Arzt weg."

„Gut“, sagte Kim und lief zur Tür der Kate. Dort drehte sie sich um und untersuchte die nähere Umgebung. „Von wo aus hat der Bogenschütze auf Gottfried gezielt?“, überlegte sie laut.

„Ich würde sagen, von da drüben“, sagte Leon. „Dort steht ein großer Baum. Dahinter hätte sich der Schütze verstecken können. Er warf den Stein vor die Tür, Gottfried öffnete – und dann traf ihn der Pfeil.“

Die Freunde liefen zu dem Baum. Kim kniete sich auf den feuchten Boden und suchte ihn mit den Augen ab.

„Mist, dass es schon so dunkel ist“, fluchte sie.

In diesem Moment zog die Katze mit einem Miauen die Aufmerksamkeit auf sich. Kija stand neben einem dichten Busch und hatte den Kopf schief gelegt. Wieder miaute sie, diesmal etwas energischer. Kim lief zu Kija und beugte sich zur ihr hinab.

„Kommt doch mal her“, rief sie dann. „Unsere Kija hat Fußspuren entdeckt!“

„Gar nicht schlecht“, meinte Leon anerkennend und schaute sich die großen Fußabdrücke im Waldboden an. „Aber stammen sie vom Attentäter?“

„Ja“, meinte Kim. „Denn sie führen in den Wald hinein und nicht zum Weg. Jemand, der nichts zu verbergen hat, wählt den Weg.“

„Vielleicht war es auch jemand, der Pilze oder so

etwas gesammelt hat“, wandte Julian ein. Die Vorstellung, der Spur in den düsteren Wald zu folgen, erfüllte ihn mit leiser Furcht.

„Möglich“, gab Kim zu. „Aber sie könnte auch vom Täter stammen. Wir sollten das überprüfen. Noch ist es nicht ganz dunkel. Und noch haben wir ein wenig Zeit. Ich bin dafür, dass wir der Spur folgen. Und ihr?“

Der Geheimgang

Und so stapften die Freunde, geführt von Kija, durch den Wald. Mit einem unguten Gefühl im Bauch ging Julian hinter den anderen her. Bestimmt wäre die Spur auch morgen bei Tageslicht noch zu sehen gewesen. Was wäre, wenn sie sich in diesem Wald verirrten?

„Mir fällt gerade etwas ein“, meinte Leon plötzlich. „Die Fußabdrücke sind ziemlich groß, müssten also logischerweise auch von großen Füßen stammen.“

„Richtig, aber was willst du damit sagen?“, fragte Kim.

„Wenn die Abdrücke vom Täter stammen, dann scheidet Wenzel als Verdächtiger aus“, erklärte Leon. „Wenzel ist klein. Auch wenn kleine Menschen große Füße haben können, solche Quadratlatschen hat er bestimmt nicht.“

„Gut beobachtet“, sagte Kim nachdenklich. „He, wo ist Kija hin?“

Die Katze war verschwunden.

„Kija!“

Ein Miauen ertönte hinter zwei Tannen, die dicht beieinanderstanden. Die Gefährten bogen die Äste auseinander. Zu ihren Füßen kauerte Kija, die sie mit weit aufgerissenen Augen ansah. Vor ihnen öffnete sich ein schwarzes Loch in einer Felswand.

„Sieht aus wie der Eingang zu einer Höhle", staunte Kim. „Außerdem enden die Spuren hier. Der Verdächtige scheint hier reingegangen zu sein."

„Du willst doch nicht etwa hinterher?", fragte Julian.

„Warum denn nicht?"

„Weil man da drin noch nicht einmal die Hand vor Augen sehen kann!", rief Julian.

„Dann hole ich eben eine Kerze aus Gottfrieds Hütte", schlug Leon vor.

„Gute Idee!", sagte Kim begeistert.

„Bin schon unterwegs", rief Leon und flitzte zur Kate zurück. Wenig später tauchte er mit einer brennenden Kerze in der Hand wieder auf.

„Na, dann wollen wir mal", sagte er unternehmungslustig und war schon in der Höhle verschwunden. Die Höhle verjüngte sich rasch und mündete in einen schmalen Gang, der steil bergauf führte.

„Hier sind sogar Stufen herausgeschlagen worden", erkannte Leon. „Keine Frage, dieser Gang ist künstlich angelegt worden. Ich tippe mal, dass es sich um einen Geheimgang handelt."

„Wo der wohl hinführen mag?“, überlegte Julian. Auch ihn, der gerade noch am Sinn der Aktion gezweifelt hatte, packte jetzt die Neugier.

„Um das herauszufinden, sind wir ja hier“, entgegnete Kim.

Schweigend stiegen die Gefährten die Stufen hinauf. Leon ging voran. Sorgsam schirmte er mit einer Hand die Kerzenflamme ab, die bedrohlich flackerte.

„Hier zieht es ganz schön“, murmelte Leon. „Das kann nur heißen, dass es irgendwo noch einen weiteren Eingang geben muss.“

Ein Geräusch ließ ihn innehalten. Es war ein heulender Ton, der langsam anschwoll und dann wieder verebbte.

„Was ist das denn?“, fragte Kim. Sie spürte Kija an ihren Beinen und nahm die Katze auf den Arm.

„Keine Ahnung“, wisperte Julian. „Klingt wie ein … wie ein Tier. Ein ziemlich großes Tier. Ob es hier Wölfe oder Bären gibt?“

„Nein, glaube ich nicht“, antwortete Leon, aber es klang nicht sehr überzeugend. „Vielleicht ist es nur der Wind, der durch den Gang pfeift.“

„Aber Wölfe bringen doch ihre Jungen in Höhlen zur Welt, oder?“ Julian ließ nicht locker.

„Hör bitte auf, uns verrückt zu machen“, sagte Leon. „Oder willst du etwa umdrehen?“

Julian zögerte einen Moment und sah betreten auf seine Füße. „Nein“, sagte er schließlich. „Du hast sicher Recht: Es wird nur der Wind sein.“

„Gut, dann kommt weiter“, sagte Leon und erklomm die nächste Stufe.

Der schmale Gang führte noch etwa fünfhundert Meter weiter. Es wurde kälter und feuchter. Immer wieder rutschten die Freunde aus.

Wenn jetzt die Kerze ausgeht, dann gute Nacht, dachte Leon bei sich. In dieser Finsternis würden sie sich auf der Treppe sämtliche Knochen brechen. Er schwor sich, das kleine Licht zu hüten wie seinen Augapfel. Noch während er das dachte, stolperte Leon über einen Stein. Der Kerze fiel ihm aus der Hand und erlosch. Schlagartig herrschte absolute Dunkelheit.

„Leon, schnell, mach die Kerze wieder an!“, flehte Julian.

„Das würde ich gerne“, gab dieser zurück, „aber womit? Meinst du, ich habe ein Feuerzeug dabei? So was gab's im Jahr 805 noch nicht!“

Das Geheul wurde immer lauter. Wenn sich ein Tier in diesem Gang befinden sollte, schlich es langsam immer näher.

„Du musst die Kerze wieder anzünden, verdammt noch mal!“, rief Julian. „Sonst finden wir doch nie wieder zurück!“

„Ich kann sie aber nicht wieder anmachen, begreifst du das denn nicht?“

„Du hättest die Kerze nicht fallen lassen dürfen! Jetzt sitzen wir wegen dir in der Klemme!“

„Ja gut, es tut mir leid!“, brüllte Leon. „Aber ich habe es ja nicht absichtlich gemacht! Dir wäre das natürlich nicht passiert!“

„Hört auf mit dem Gestreite“, mischte sich jetzt Kim ein. „Das bringt uns absolut nicht weiter. So schlimm sieht es doch gar nicht aus. Wir müssen nur den Gang zurücklaufen. Das bekommen wir schon hin. He, Kija, was ist denn los?“

Die Katze war aus Kims Armen gesprungen und rieb sich an ihren Beinen. Das Mädchen beugte sich zu ihr hinunter. Kija miaute und entfernte sich einen Schritt.

„Wo willst du denn hin?“, fragte Kim und tastete die Umgebung nach der Katze ab. Plötzlich berührte sie das Fell des Tieres. Erneut machte Kija einen Schritt von ihr weg. „Sieht so aus, als wollte Kija uns weiterführen. Und zwar weiter den Gang hinauf“, vermutete Kim.

„Ohne mich!“, stieß Julian hervor. „Lasst uns lieber umdrehen.“

„Aber vielleicht sind wir gleich am Ziel“, wandte Kim ein. „Wartet hier, ich gehe ein Stück hinter Kija her. Ich bin gleich wieder zurück.“

Auf allen vieren folgte das Mädchen der Katze. Nach wenigen Metern stieß Kija einen warnenden Ton aus. Kim stoppte, richtete sich auf und drehte sich mit ausgestreckten Armen langsam um die eigene Achse. Plötzlich spürte sie etwas Hartes an ihren Fingern. Aber das war kein Stein, die Oberfläche war zu glatt. Kim klopfte dagegen. Es war Holz! Stand sie etwa vor einer Tür? Kim tastete das Ding vor ihrer Nase ab. Da war so etwas wie eine Klinke! Tatsächlich – sie stand vor einer Tür!

„Du bist die Beste!“, flüsterte Kim in die Richtung, in der sie Kija vermutete. Dann drückte sie die Klinke vorsichtig hinunter. Es quietschte fürchterlich, aber die Tür ließ sich öffnen. Kim hielt den Atem an und spähte in den Raum, der dahinter lag. Im hellen Mondlicht erkannte sie mehrere Schreibpulte und ganz schwach im Hintergrund ein hohes Regal. Kim wusste sofort, wo sie sich befanden. Sie wandte sich um und rief ihre Freunde heran.

„Na, Jungs, was sagt ihr nun?“, sagte sie zufrieden, als die beiden neben ihr in der Tür standen. „Wenn mich nicht alles täuscht, sind wir wieder im Kloster!“

Das Rezept des Bösen

Behutsam, um jedes überflüssige Geräusch zu vermeiden, schloss Kim die Tür zum Geheimgang.

„Ich fasse es nicht“, sagte Leon. „Der Geheimgang führt also wirklich mitten ins Kloster! Das ist sicher der Fluchtweg, wenn das Kloster mal angegriffen wird.“

„Mag sein, dass das sein eigentlicher Zweck ist“, sagte Kim. „Aber ich glaube, heute diente dieser Geheimgang dem Attentäter als Fluchtweg!“

„Also versteckt sich der Täter hier?“, wisperte Julian. „Der Attentäter ist unter den Mönchen zu suchen?“

„Adalung, der Abt“, stieß Leon hervor. „Alle Indizien weisen auf ihn. Er wusste, dass wir zu Gottfried gehen wollten. Er kennt sich mit Kräutern aus. Er ist im Gegensatz zu Wenzel ein großer Mann. Von Adalung könnten die Fußabdrücke stammen. Und er genießt seine Macht als Abt, wie ich finde. Vielleicht will er mit der Alraune und dem Teufelstrank noch mächtiger werden!“

„Klingt alles logisch, aber es sind nur Vermutungen,

Leon", gab Julian zu bedenken. „Wir brauchen Beweise gegen den Abt."

„Richtig, und es wäre nicht das erste Mal, dass wir auch Beweise finden", meinte Leon zuversichtlich.

„Auch wahr", stimmte Julian zu. „Immerhin ist der Täter gerade hier gewesen. Das scheint mir eine Art Schreibstube zu sein." Er deutete auf eines der Schreibpulte, worauf sich eine Schreibfeder, ein Tintenfass und eine Rolle *Pergament* befanden. „Hier werden offenbar Bücher geschrieben! Dann befinden wir uns im Scriptorium, von dem Quirinus gesprochen hat. Zu dumm, dass wir kein Licht haben."

„Fang jetzt bloß nicht wieder damit an, dass ich die Kerze fallen gelassen habe!", knurrte Leon.

„Keine Sorge. Aber ich hatte gehofft, hier das Arzneibuch zu finden. Womöglich steht darin etwas über den Teufelstrank."

„Nicht gleich aufgeben, Jungs", rief Kim in diesem Moment. Sie stand ganz dicht am Fenster und hielt ein Buch in die Höhe. „Man kann trotzdem etwas erkennen. Ein Glück, dass wir heute Vollmond haben. Aber leider ist das hier kein Buch über Kräuter."

Mit größter Vorsicht begannen die Freunde den umfangreichen Bücherbestand des Lorscher Klosters zu durchsuchen. Immer wieder staunten sie über die herrlichen Schriften, deren Einbände zum Teil sogar mit

kostbarem Blattgold und funkelnden Edelsteinen geschmückt waren. Es handelte sich ausschließlich um Bücher mit religiösem Inhalt.

Aber plötzlich hielt Julian das Lorscher Arzneibuch in den Händen! Es war nicht illustriert. Leider fand Julian darin keinen Hinweis auf den Teufelstrank. Aber es war immerhin ein Anfang. Julian suchte weiter.

Kurz darauf schlug er ein eher unscheinbares Buch auf – und sofort beschleunigte sich sein Puls. Er hielt wieder ein Kräuterbuch in den Händen, diesmal jedoch mit verschiedenen Zeichnungen von Pflanzen! Aufgeregt blätterte der Junge das Buch durch. Plötzlich stockte ihm der Atem. Da war eine Zeichnung von einer Alraune! Und auf der gegenüberliegenden Seite stand in schwarzen Buchstaben:

Der Teufelstrank

Sofort rief Julian seine Freunde zu sich. Gemeinsam schauten sie auf das Rezept. Das Mondlicht reichte tatsächlich, um den Text einigermaßen gut entziffern zu können.

„Hier steht, dass das Rezept von Hermes Trismegistos stammt!“, rief Julian. „Genau, wie es Professor Muriatti in Siebenthann erzählt hat!“

Mühsam lasen sie weiter und erfuhren von Hermes Trismegistos, dass man außer den Wurzeln der Alraune auch ein paar Zedernspäne, zwei Kerne der Hexenkirsche, einige Veilchenblüten, zehn Tropfen Rosenwasser und fünf Tropfen Pferdemilch benötigte, um den Trank zu brauen.

„Ich fasse es nicht“, meinte Kim. „Es gibt dieses Rezept wirklich. Und man braucht dafür die Alraune. Ich bin mir sicher, dass der Kaufmann Furrer sterben musste, weil er im Besitz dieser seltenen Pflanze war. Der Mörder wollte den Trank zusammenmischen, aber ihm fehlte die Alraune.“

„Hier geht der Text noch weiter“, sagte Julian, der eine Seite weitergeblättert hatte.

Wieder vertieften sich die Freunde in die Zeilen. Der Autor verwies darauf, dass man eine bestimmte Zauberformel sprechen müsse, damit der Teufelstrank seine Wirkung entfalten könne. Diese Formel habe er im Schwarzen Buch niedergeschrieben.

„Das Schwarze Buch? Wo könnte sich das befinden?“, überlegte Leon laut.

„Wer weiß?“, meinte Julian. „Vielleicht steht es ebenfalls hier irgendwo im Scriptorium. Seht mal, dieser Hermes warnt noch einmal eindringlich davor, das Gebräu zu trinken und die Formel zu sprechen. Zwar verleihe der Trank Gesundheit und Macht, aber wer die Formel spricht, ruft den Teufel auf den Plan. Und der fordert deine Seele!“

Kim schüttelte sich. „Das hat Gottfried auch gesagt.

Aber da ist bestimmt nichts dran. Alles sicher nur Hokuspokus."

Julian runzelte die Stirn. „Immerhin gibt es Menschen, die deswegen über Leichen gehen. Ich würde jedenfalls gerne einen Blick in dieses Buch mit den Formeln werfen", sagte er und blickte sich suchend im Scriptorium um.

„Ich glaube kaum, dass es hier offen herumliegt", meinte Leon. „Falls die Mönche im Besitz des Buches sein sollten, wollen sie bestimmt verhindern, dass jemand den Teufelstrank ausprobiert."

„Schauen wir uns eben noch ein bisschen um", schlug Kim vor und lief zu einem der Regale.

„Hier sind noch zwei weitere Türen", rief Leon. Er versuchte die erste zu öffnen, doch sie war fest verschlossen. Dann probierte der Junge die zweite Pforte, und diesmal hatte er mehr Glück. Vorsichtig spähte Leon hinaus. Vor ihm lag ein breiter Korridor. Leon überlegte einen Moment, ob er sich ein wenig umsehen sollte, ließ es dann aber bleiben. Die Bücher im Scriptorium schienen ihm interessanter zu sein. Nachdenklich schaute er noch einmal auf die andere Tür. Warum war sie verschlossen? Lag vielleicht etwas Geheimnisvolles dahinter? Leon verwarf den Gedanken und machte sich mit den anderen wieder auf die Suche nach dem Schwarzen Buch.

Julian und Kim waren in ein Gespräch über den Trank vertieft.

Nach kurzer Zeit brannten Leons Augen. Es war reichlich mühselig, im Mondlicht die Titel von Büchern zu studieren. Außerdem wurde er langsam müde.

Ein Geräusch schreckte ihn auf. Leon stieß einen leisen, warnenden Pfiff aus. Augenblicklich schwiegen Julian und Kim. Mit klopfenden Herzen lauschten sie. Nun hörten sie schlurfende Schritte auf dem Korridor! Und diese Schritte kamen rasch näher!

„Schnell, in den Geheimgang!“, zischte Leon und flitzte los. Kija folgte ihm mit großen Sätzen, dann kamen auch Kim und Julian. In dem Moment, in dem die Tür zum Scriptorium aufgestoßen wurde, verschwanden die Gefährten lautlos im Geheimgang.

Der Überfall

Wenzel war der Ausflug der Freunde verborgen geblieben. Jedenfalls ließ er sich nichts anmerken, als er sie am nächsten Morgen aus den Betten warf und wie gewohnt zur Eile antrieb. Den ganzen Tag über hielt der Wirt die Freunde auf Trab. Nur selten kamen Kim, Julian und Leon dazu, sich flüsternd zu unterhalten. Drei Fragen beschäftigten sie besonders: Wo war das Schwarze Buch? Wer war der nächtliche Besucher im Scriptorium gewesen? Und was verbarg sich hinter der verschlossenen Tür des Schreibsaales? Leon schlug vor, sich noch einmal ins Scriptorium zu schleichen.

„Ich bin sicher, dass der Schlüssel zur Aufklärung der Verbrechen im Schreibsaal liegt“, argumentierte er. „Schließlich floh der Bogenschütze genau dorthin.“

Julian und Kim stimmten ihm zu. Sie beschlossen, sich bei der nächsten Gelegenheit erneut im Scriptorium umzusehen.

„Vielleicht können wir uns heute am späten Abend noch einmal rausschleichen“, sagte Kim.

„Hoffentlich wird es nicht *zu* spät", sagte Julian. „Allmählich wird der Fall reichlich anstrengend. Wir sind die halbe Nacht auf den Beinen und dann weckt uns Wenzel immer so früh!"

„Hört endlich auf zu schnattern", bellte die Stimme des Wirts. „Tragt die Sachen aus Zimmer vier herunter. Der Gast will abreisen. Wird's bald?"

Dem Wirt fiel immer wieder etwas ein, um die Freunde zu beschäftigen. Nur Kija hatte es gut. Unbehelligt lag sie auf der Fensterbank und ließ sich die Sonne aufs Fell scheinen. Mit halb geschlossenen Augen und mäßigem Interesse schaute sie ihren Freunden bei der Arbeit zu und gähnte mitunter herzhaft.

„In meinem nächsten Leben werde ich eine Katze", knurrte Julian, als er gegen Abend mit zwei schweren Krügen an Kija vorbei zum Tresen lief. Nach wie vor ruhte das schöne Tier auf dem neuen Stammplatz.

„Geh in die Küche!", rief Wenzel Julian zu. „Gertrud braucht etwas."

Stumm gehorchte der Junge. Ein warmer Dunst empfing ihn in der Küche. Kim stand an einem rechteckigen Tisch und schnitt Karotten und Radieschen klein.

„Das wird ein Gemüseauflauf", erklärte sie.

„Richtig", bestätigte Gertrud, die gerade einen gekochten Fisch mit einer Brühe aus Wein, Salbei, Pfeffer und Salz bestrich. Seit sie die Kinder ein bisschen besser kannte, war sie etwas gesprächiger. „Und für den Auflauf fehlt mir noch Kresse. Also geh zur Kräuterfrau, die ihren Stand neben dem Ärztehaus hat, und besorg mir welche", bat sie.

Julian nickte und lief los. Er hatte überhaupt nichts dagegen, die stickige Pilgerherberge zu verlassen, sei es auch nur für eine Viertelstunde.

Sobald er auf dem Weg vor der Schenke stand, sog er die frische Luft des Sommerabends ein. Die Dämmerung hatte bereits eingesetzt. Die Schatten wurden länger. Julian hielt sich rechts und ging in die schmale, menschenleere Gasse Richtung Ärztehaus. Er kam an einigen Werkstätten und Ständen vorbei, die aber bereits geschlossen waren. Julian fragte sich, ob die Kräuterfrau überhaupt noch da war. Egal, es kam auf einen Versuch an.

Also bog er in die nächste Gasse ein und passierte die Schmiede. Dort flatterte ein prächtiger Schmetterling genau vor seiner Nase herum. Julian verfolgte dessen Flug mit den Augen und stutzte. Im Schatten eines Hauses hatte sich etwas bewegt. Julians Puls beschleunigte sich. Wurde er schon wieder verfolgt?

Julian schluckte. Seine Hand suchte den Beutel mit den Alraunen und umklammerte ihn. Dann setzte er seinen Weg fort. Seine Gedanken rasten. Er war allein in dieser schmalen Gasse. Niemals hätte er ohne Kim und Leon gehen dürfen! Doch für diese Erkenntnis war es zu spät.

Bleib ruhig, ermahnte er sich. Gleich bist du bei der Kräuterfrau. Außerdem wird es der Kerl nicht wagen, dich hier anzugreifen. Vielleicht steht jemand hinter einem der Fenster und schaut auf die Straße. Julian betete, dass es genau so war. Jetzt kam er am Schulhaus vorbei. Das nächste Gebäude war das Ärztehaus, und genau dort lag schließlich der …

Plötzlich hörte er unmittelbar hinter sich schnelle Schritte. Der Junge wollte herumfahren, aber es war zu spät. Etwas Hartes traf ihn am Hinterkopf. Der Schmerz explodierte hinter Julians Stirn und dann wurde alles schwarz. Das Letzte, was er spürte, waren kräftige Hände, die an seinem Lederbeutel zerrten.

„Was ist los mit dir?“, fragte eine Stimme, die unendlich weit entfernt schien. Langsam kam Julian wieder zu Bewusstsein. Mühsam öffnete er seine schmerzenden Augen und erkannte die Umrisse einer Frau, die neben ihm kniete und an seinen Schultern rüttelte. „He, aufwachen!“ Die Umrisse der Frau wurden schärfer. Ächzend hob Julian den Kopf. Er hatte keine Ahnung, wie lange er bewusstlos gewesen war.

„Was ist passiert?“, fragte die Frau.

Julian wischte sich über die Augen. „Ich, ich weiß

es nicht“, stammelte er. „Jemand muss mich niedergeschlagen haben.“

Die Frau war schockiert. „Um Himmels willen, wer tut denn einem Kind so etwas an?“

„Wenn ich das wüsste …“ Julian rappelte sich auf. Ihm war, als säße ein Specht in seinem Schädel und hämmerte mit dem Schnabel in einem wilden Tempo gegen eine besonders empfindliche Stelle. Er griff zu seinem Gürtel … zu seinem Beutel. Er war weg! Die Alraunenwurzeln und Blätter waren ihm geraubt worden! Entsetzt stöhnte Julian auf.

Besorgt sah ihn die Frau an. „Ist alles in Ordnung mit dir? Ich bringe dich nach Hause. Wo wohnst du denn?“

„In der Herberge“, erwiderte Julian. „Aber ich finde schon allein zurück, vielen Dank.“

„Gut, wie du willst“, sagte die Frau, bekreuzigte sich und verschwand in einem der Häuser.

Julian lehnte sich gegen eine Wand und atmete tief durch. Die Alraunen waren weg! Und er hatte keine Ahnung, wer ihn überfallen hatte! Alles war so schnell gegangen. Plötzlich fröstelte ihn. Vielleicht hatte er sogar Glück gehabt, dass er überhaupt noch am Leben war. Denn mit ziemlicher Sicherheit war er gerade in die Hände des Mannes gefallen, der wegen des Teufelstranks schon zwei Verbrechen begangen hatte!

Das Hämmern in seinem Kopf ließ etwas nach. Schwankend lief Julian zur Pilgerherberge zurück.

Er traf seine Freunde in der Küche. Doch bevor er etwas sagen konnte, herrschte Gertrud ihn an: „Wo hast du nur gesteckt? Und wo ist die Kresse?"

„Die habe ich nicht. Ich bin überfallen worden", entgegnete Julian.

„Faule Ausrede!", keifte Gertrud. „Was kann jemand schon von dir Habenichts wollen? Herumgetrödelt hast du! Und meinen Auflauf kann ich jetzt vergessen. Ohne Kresse kein Auflauf! Warte nur, das werde ich Wenzel sagen!"

Doch dazu kam es erst einmal nicht. Irgendetwas zischte und puffte in den Töpfen und Gertrud eilte zur Feuerstelle.

Jetzt hatte Julian Gelegenheit, seinen Freunden zu berichten, was geschehen war.

„Ein Glück, dass dir nicht mehr passiert ist", meinte Kim. Sie tauchte ein Tuch in kaltes Wasser und kühlte damit den Hinterkopf des Freundes.

„Das tut gut", sagte Julian dankbar. „Aber es ist unverzeihlich, dass die Alraunen weg sind. Ich hätte niemals allein gehen dürfen."

In diesem Moment rannte Gertrud an ihnen vorbei zur Tür und riss sie auf, offenbar, um Wenzel von Julians Vergehen zu berichten.

Lärm schwappte in die Küche, als Gertrud nach ihrem Mann rief. Irgendetwas musste vorgefallen sein. Und schon kam Wenzel mit puterrotem Kopf herangestürmt.

„Was ist los, Weib?“

„Das wollte ich gerade dich fragen“, erwiderte Gertrud. „Was bedeutet dieser Tumult?“

„Das geht dich nichts an. Bleib am Herd!“, fauchte er sie an.

„Ich will wissen, was vorgefallen ist!“, beharrte Gertrud.

„Keine Ahnung“, sagte der Wirt unwirsch. „Aber Weiber machen alles immer schlimmer. Also kümmere du dich ums Essen.“

Gertrud brummelte etwas, gehorchte aber.

Die Freunde liefen jedoch hinter Wenzel her, der zum Eingang der Herberge stapfte. Vor dem Haus stand eine Gruppe von Menschen, die heftig diskutierte. Vorsichtig pirschten sich die Gefährten heran. Gerade rappelte sich ein Mönch vom Boden auf. Er wirkte benommen und wurde von zwei Männern gestützt.

„Geht es, Clemens?“, fragte einer der Helfer.

„Aua, mein Kopf“, sagte der Mönch und betastete vorsichtig seinen Schädel.

Kim konnte sich nicht mehr zurückhalten. „Bist du auch überfallen worden?“

Clemens nickte. „Ja, jemand hat mich niedergeschlagen. Es ging alles ganz schnell. Aber wieso sagst du *auch*?“

Kim deutete auf Julian. „Auch mein Freund hier wurde vorhin niedergeschlagen. Man hat ihm seinen Beutel geraubt!“

Die Augen des Mönches weiteten sich vor Entsetzen. „Nicht zu fassen! Was ist das nur für ein gottloser Geselle!“ Plötzlich schien ihm etwas einzufallen. Hektisch griff er unter seine Kakulle. „Oh, mein Gott!“, rief er. „Mein Schlüsselbund ist weg!“

„Na ja, wenn es nicht mehr ist“, sagte einer aus der Gruppe.

„Dummkopf!“, wetterte Clemens. „Am Bund hängt auch der Schlüssel zum Scriptorium! Es wäre eine Katastrophe, wenn jemand den Schlüssel benutzen würde, um unsere kostbaren Bücher zu rauben!“

„Vielleicht hast du ihn auch verloren, als du niedergeschlagen wurdest“, sagte jemand.

„Nein, nein, das glaube ich nicht“, jammerte der Mönch. „Adalung wird toben, wenn er davon erfährt. Ich bin der Bibliothekar, und es ist meine Aufgabe, über die Schätze in unserem Scriptorium zu wachen! Nun habe ich versagt!“

Leon zog Julian und Kim etwas zur Seite. „Wir sollten uns hier mal ein wenig umschauen. Vielleicht stoßen wir ja auf eine Spur – zum Beispiel einen Fußabdruck wie vor dem Geheimgang!“

Die Freunde suchten die nähere Umgebung des Tatortes ab.

„Mist, es ist viel zu dunkel“, stellte Kim fest. „Wir brauchen eine Fackel oder so etwas.“

„Nicht nötig“, rief Leon in diesem Moment triumphierend. „Seht mal, was ich hier habe!“ In seinen Händen baumelte ein matt glänzender Metallring mit vier Schlüsseln. „Das wird Clemens aber freuen!“

„Allerdings“, sagte Julian. „Wie hast du ihn nur trotz der Dunkelheit gesehen?“

Leon grinste breit.

„Ich habe ihn gar nicht gesehen – ich bin draufgetreten. Und da hat es geklirrt.“

„Egal wie, Hauptsache, diese Schlüssel sind wieder da!“, sagte Kim und wollte zu Clemens laufen.

„Warte!“, bat Leon. „Mit fällt gerade etwas auf.“

Julian und Kim schauten ihm über die Schulter.

„Fühlt doch mal“, rief Leon aufgeregt. „Dieser kleine Schlüssel hier ist voller Wachs.“

„Wachs?“

„Ja, spürst du es nicht?“

„Mhm“, machte Kim. „Was hat das zu bedeuten?“

„Ist doch logisch“, platzte Leon heraus. „Der Täter hat einen Wachsabdruck vom Schlüssel angefertigt. Er will den Schlüssel nachmachen und dann in das Scriptorium eindringen!"

„Der Täter könnte auch den Geheimgang benutzen", warf Julian ein. „Außerdem war die Tür zum Scriptorium offen."

„Die schon", entgegnete Leon. „Aber denk doch mal an die andere Tür – die war schließlich fest verschlossen!"

„Richtig!", gab Julian zu. „Wir müssen verhindern, dass sich der Täter dort hineinschleicht. Lasst uns Clemens und am besten auch gleich Adalung alarmieren!"

„Oh nein!", widersprach Leon. „Das würde ich nicht tun. Was ist, wenn Adalung der Täter ist oder mit ihm unter einer Decke steckt?"

„Aber Clemens können wir doch Bescheid sagen."

Leon schüttelte den Kopf. „Nein, lieber nicht. Ich traue inzwischen niemandem mehr. Ich hab eine bessere Idee: Wir geben Clemens die Schlüssel zurück ohne ihm etwas von unserer Beobachtung zu sagen. Und dann legen wir uns heute Nacht wie geplant im Scriptorium auf die Lauer!"

Ermittlungen in der Nacht

Um kurz vor Mitternacht öffnete sich die Tür des Geheimgangs. Die drei Zeitdetektive und die Katze schlichen in das verlassen daliegende Scriptorium. Kim schnappte sich Kija und bezog hinter einem der Schreibpulte Posten. Julian tat es ihr gleich. Leon kontrollierte zunächst die anderen beiden Türen. Die eine zum Korridor war wieder offen, die andere, kleinere Tür jedoch verschlossen.

Was liegt hinter dieser Tür?, fragte sich Leon. Er hoffte, in dieser Nacht die Antwort zu finden. Er vermutete, dass der kleine Schlüssel, der mit Wachs behaftet gewesen war, genau in das Schloss dieser Tür passen würde. Leon kroch hinter ein Regal mit Büchern, setzte sich auf den kalten Steinboden und starrte in das Dunkel. Nach einer Weile zog er die Knie an und legte seinen Kopf darauf. Er nahm sich fest vor, nicht einzuschlafen. Eine Zeit lang ging das gut, doch dann dämmerte Leon ganz allmählich ein und fiel in einen unruhigen Schlaf.

Es mochten zwei oder drei Stunden vergangen sein, als Leon wach wurde. Ein wohltönender Klang hatte sich in seine Träume geschlichen. Er lauschte. Das war Chorgesang aus vielen Männerkehlen. Leon rappelte sich auf und lief zu seinen Freunden. Auch sie waren eingenickt. Nur Kija schien hellwach zu sein. Aufgeregt sprang sie um Leons Beine herum, als wollte sie spielen. Leon weckte seine Freunde.

„Hört ihr das auch?", fragte er sie.

„Ja", murmelte Kim schlaftrunken. „Klingt irgendwie richtig festlich. Aber wieso singen die mitten in der Nacht?"

„Das wird ein Gottesdienst sein", vermutete Julian. „Erinnere dich an das, was Quirinus uns im Kräutergarten sagte. Demnach treffen sich die Mönche doch alle paar Stunden zum Gebet in der Kirche – also auch nachts."

Kim blies die Backen auf. „Ich glaube, damit hätte ich Probleme. Ich käme garantiert ständig zu spät. Aber diese Musik ist einfach herrlich." Sie sprang auf. „Ich hätte Lust, mir dieses Konzert aus nächster Nähe anzuhören."

„Du willst doch jetzt nicht etwa in die Kirche?"

„Klar doch!", erwiderte Kim. „Wir schleichen uns hin. Niemand wird uns bemerken, weil niemand mit uns rechnet."

Julian verdrehte die Augen. „Du hast manchmal wirklich verrückte Ideen."

„Mag sein", grinste Kim. „Aber mit mir wird's auch nie langweilig."

„Da hast du allerdings Recht", lachte Julian. „Also gut, ich komme mit. Du auch, Leon?"

Leon streckte sich und gähnte. „Ich teile zwar nicht Kims Begeisterung für diese Art von Musik, aber ich bin selbstverständlich mit von der Partie."

Und so schlichen die Freunde auf Zehenspitzen über den Korridor, der sie geradewegs zum Atrium führte, in dessen Mitte sich düster die Michaelskapelle in die sternenklare Nacht erhob. Der feierliche Gesang wurde lauter, je näher die Freunde der Lorscher Kirche kamen. Sie liefen durch den Kreuzgang und schlüpften geräuschlos durch eine schwere Eichentür. Rasch versteckten sie sich im Seitenschiff hinter einem massiven Pfeiler, der das hohe Gewölbe trug.

Die Kirche wurde nur schwach von Fackeln erleuchtet, deren tanzender Schein auf etwa einhundert Mönche fiel, die im Chorgestühl saßen. Die Diener Gottes sahen in ihren Kutten nahezu alle gleich aus – hundert dunkle Schatten, andächtig vereint.

Doch nun löste sich einer dieser Schatten aus der Gemeinschaft der Glaubensbrüder und bestieg die

Kanzel. Was die Gefährten jetzt vernahmen, ließ sie den Atem anhalten. Eine glasklare Stimme ertönte von der Kanzel, so rein, hell und unschuldig wie die eines Kindes. Der Mönch sang einen Psalm. Dann antwortete ihm der Chor voller Inbrunst. Die tiefen Männerstimmen erhoben sich zu einem vielstimmigen, wohltönenden Gesang zum Lobe des Herrn.

In diesem Moment schien es den Freunden plötzlich undenkbar, dass das Kloster einen Mann beherbergte, der über Leichen ging, um an den Teufelstrank zu gelangen. Das Böse schien hier keinen Platz zu haben.

Die Stimmen des Chores verhallten. Es folgte eine Lesung aus der Heiligen Schrift, die von Adalung persönlich gehalten wurde. Der Abt begann leise, doch es gelang ihm, während seiner Lesung eine eigentümliche Spannung aufzubauen. Immer dann, wenn einige seiner Mitbrüder einzunicken drohten, hob er die Stimme, und seine Worte peitschten durch den geweihten Raum. Zudem ging einer der Brüder mit einer Laterne die Reihen der Mönche ab und leuchtete ihnen ins Gesicht – offenbar um dafür zu sorgen, dass alle wach blieben.

Kim wurde nervös. Wenn der Mönch mit der Laterne sie entdeckte, hatten sie ein Problem. Es war schließ-

lich ihre Idee gewesen, in die Kirche zu gehen … Doch sie hatten Glück. Der Bruder kam nicht einmal in ihre Nähe.

Der Gottesdienst dauerte noch eine knappe Stunde. Gesang und Lesungen wechselten sich ab. Schließlich erteilte Adalung seinen Segen. Nun beteten sie noch alle einmal gemeinsam, verneigten sich ehrfürchtig vor dem Altar und sangen gemeinsam feierlich das *Te deum laudamus*.

Die Gefährten ahnten, dass sie jetzt verschwinden mussten, und traten ebenso leise, wie sie gekommen waren, den Rückzug an. Unbemerkt gelang es ihnen, aus dem Kirchenportal zu huschen. Kim, Julian und Leon liefen auf das Scriptorium zu. Doch Kija hatte offenbar überhaupt keine Lust, den Kindern zu folgen und verschwand in der Nacht.

„Kija!", rief Kim leise.

„Psst!", machte Leon. „Du wirst uns noch verraten!"

„So ein Mist!", zischte Kim. „Was sollen wir jetzt machen? Wir können Kija doch hier nicht einfach zurücklassen!"

„Ich höre Stimmen. Die Mönche kommen! Wir müssen uns verstecken", rief Julian.

„Schnell, schnell dort hinter die Säulen im Kreuzgang", schlug Kim vor und lief auch schon los. Sekunden später duckten sich die Freunde in ihrem Versteck. Mit klopfenden Herzen sahen sie den Strom der frommen Männer in ihren Kutten nur wenige Meter entfernt an sich vorbeiziehen.

Die Brüder schienen ein und dasselbe Ziel zu haben. Sie bogen vom Kreuzgang nach links ab und stiegen eine Treppe hinauf – alle, bis auf einen! Der letzte Mönch, der die Kirche verließ, hatte anscheinend etwas anderes vor. Die hagere Gestalt, deren Gesicht von der Kapuze der Kakulle verdeckt war, verlangsamte ihre Schritte. Dann blieb der Mönch stehen und wartete, bis seine Brüder außer Sichtweite waren. Wie in Zeitlupe wandte er sich um. Sofort verschwanden die Gefährten ganz hinter der Säule. Die Augen des Mönches streiften die Säulen des Kreuzganges, als wollte er sie abzählen. Dann blieb sein Blick an der Säule hängen, hinter der sich die Freunde voller Furcht an das kalte Gestein pressten. Sie hielten den Atem an. Leon biss sich auf seine Lippen, Julian schickte ein Stoßgebet zum Himmel und Kim ballte die Fäuste, bis ihre Fingerknöchel weiß wurden. Sekunden schienen eine Ewigkeit zu dauern.

Schlurfende Schritte waren zu hören und für einen Moment fürchteten die Kinder, dass der Mönch sie entdeckt hatte. Doch die Schritte wurden wieder leiser und entfernten sich offenbar. Leon wagte sich als Erster aus der Deckung und sah gerade noch, wie der Mönch in Richtung des Scriptoriums wanderte.

„Wer war das?“, fragte Kim leise.

„Ich habe sein Gesicht nicht sehen können. Aber von

der Statur her könnte es Adalung gewesen sein", wisperte Julian. „Auch er ist schließlich groß und dünn."

„Meint ihr, er will in den Schreibsaal?", wollte Leon wissen.

„Jedenfalls hat er etwas vor, bei dem er anscheinend nicht gestört werden will", meinte Kim. „Ich wette, dass dieser Mönch unser Mann ist!"

Mit einem leisen Maunzen kündigte Kija ihre Rückkehr an. Die Freunde waren erleichtert. Doch die Katze hielt sich nur kurz auf und schlug dann den Weg ein, den der einsame Mönch gerade gewählt hatte.

Gefangen im Grab

Völlig geräuschlos verschwand die Gestalt im Mönchsgewand im Scriptorium. Kim, Julian und Leon blieben dem Mann dicht auf den Fersen, öffneten ebenso leise wie er die Tür zum Schreibsaal und wagten einen Blick hinein. Der Mönch stand vor der Tür, die stets sorgsam verschlossen gewesen war. Ein feines Klimpern, dann blitzte Metall in der Hand des Mannes auf – ein Schlüssel! Er wurde in das Schloss gesteckt und gedreht. Dann öffnete sich die geheimnisvolle Tür. Der Mönch tauchte in die Dunkelheit und war verschwunden.

„Sollen wir?“, fragte Julian.

„Ja!“, hauchte Kim. „Wir riskieren zumindest mal einen Blick.“

„Auf jeden Fall“, meinte auch Leon. „Ich will unbedingt wissen, was sich hinter dieser Tür verbirgt.“

Auf leisen Sohlen schlichen die Freunde durch das Scriptorium und zogen die Pforte auf. Das Mondlicht fiel auf die erste Stufe einer Treppe, die in die Dunkelheit hinabführte.

„Sollen wir?“, fragte Julian erneut. Aber er kannte die Antwort der Freunde eigentlich schon. Er war froh darüber, dass sie vorangingen. Ohne Kim, Kija und Leon hätte sich Julian nie getraut, auch nur einen einzigen Schritt weiterzugehen.

In einem sanften Bogen führte die Treppe in die Tiefe. Die Freunde fühlten sich sehr an den Geheimgang erinnert, den der Bogenschütze benutzt hatte. Zum Glück half ihnen ein schmales Geländer bei der Orientierung. Dann fiel ein feiner Streifen Licht durch das Schlüsselloch einer weiteren Tür.

Kim beugte sich zum Schlüsselloch herunter und spähte in einen großen Raum. Er wurde von einer Fackel erleuchtet, die schon weit über die Hälfte heruntergebrannt war. In der Mitte stand ein rechteckiges Gebilde aus Stein. An einer Wand hing ein Teppich, auf dem die Kreuzigung Jesu Christi dargestellt war. Und dann waren da noch beschriftete Steinplatten auf dem Boden, die von Kreuzen verziert wurden. Sonst war die Kammer leer. Keine Menschenseele war zu sehen.

„Okay, weiter“, sagte Kim und wollte die Tür aufdrücken.

Da maunzte Kija laut und vernehmlich. In Kims Ohren klang es wie eine Warnung.

„Wir gehen gleich wieder“, sagte das Mädchen beruhigend zur Katze. Hoffentlich, fügte Kim in Gedanken hinzu. Denn dieser Raum strahlte etwas Heiliges und zugleich Abweisendes aus, das sie beeindruckte, jedoch auch ein wenig ängstigte.

In dem Raum roch es muffig und modrig. Ein Windstoß ließ die Flamme der Fackel tanzen und für einen Moment fürchteten die Freunde, sie würde erlöschen. Rasch schloss Leon die Tür. Die drei Kinder blickten sich unsicher um.

„Wo sind wir hier gelandet?“, fragte Kim und ging zu einer der Bodenplatten.

„Das sind Gräber“, erkannte sie mit leiser Ehrfurcht in der Stimme, als könne sie die Toten wecken.

„Richtig“, meinte Julian, der vor dem rechteckigen Klotz stand. „Das hier ist ein Sarg. Sieht so aus, als seien hier alle wichtigen Würdenträger des Lorscher Klosters beerdigt worden. Einen solchen Raum nennt man *Krypta*, wenn ich richtig informiert bin.“

Leon grinste. „Ich bin mir sicher, dass du richtig informiert bist, Julian. Wenn du mir jetzt noch verrätst, wo dieser seltsame Mönch hingelaufen ist, bei dem es sich vermutlich um den Abt höchstpersönlich handelt, dann steigst du noch weiter in meiner Achtung.“

„Sehr lustig“, antwortete Julian, grinste aber ebenfalls. Plötzlich hatte er eine Idee und lief zu dem Wandteppich. Er hob ihn an einer Ecke hoch und rief: „Bitte sehr!“

Kim und Leon eilten herbei und staunten.

„Und noch eine Tür", stieß Kim hervor und drückte die Klinke hinunter. Die Tür war verschlossen.

„Na großartig", seufzte Kim. „Dann endet unsere Verfolgung hier wohl. Zu schade, dass wir nicht erkannt haben, wer sich unter der Kutte verborgen hat."

„Ja, wirklich schade. Ich glaube, wir waren nah dran", meinte Julian. „Aber es nützt nichts … wir müssen die Suche vorerst einmal abbrechen. Lasst uns gehen, ich bin auch ziemlich müde."

Mit diesen Worten strebte er dem Ausgang der Krypta zu. Als er die Finger zum Türgriff ausstreckte, vernahm er ein alarmierendes Geräusch. Ein Kratzen und ein leises Quietschen. Julian wusste in diesem Moment, dass jemand die Tür abgeschlossen hatte! Verzweifelt rüttelte er an der Klinke, aber es war sinnlos.

„Was ist denn los? Klemmt das Ding?", wollte Leon wissen.

„Klemmen?" Julian tippte sich an die Stirn. „Die Tür ist abgeschlossen worden!"

„Wie bitte?"

„Seht selbst", meinte Julian nur und ließ sich mutlos auf den Boden sinken.

„Jetzt sind wir in einer Grabkammer gefangen", sagte Kim. Plötzlich begann sie zu frieren. Sie wusste nicht, ob ihr wirklich kalt war. Vielleicht lag es auch an der

Müdigkeit, vielleicht aber auch an den Toten, von denen sie hier in der Krypta umgeben war.

Die Fackel flackerte und zog Kims Aufmerksamkeit auf sich. Sie war wirklich schon ziemlich weit heruntergebrannt. Wie lange würde ihr Licht noch die Gruft erhellen? Eine Stunde, eine halbe? Oder auch nur noch zehn Minuten?

Kim verdrängte die Angst aus ihrem Herzen. Von den Toten drohte keine Gefahr – wohl aber von dem Mann, der gerade den Schlüssel herumgedreht hatte. Was hatte er vor? Kim fühlte sich hilflos und klein, und das machte sie wütend.

„Verdammter Mistkerl!“, zischte sie und wollte mit den Fäusten an die Tür trommeln.

Im letzten Moment stoppte Leon das wütende Mädchen. „Hör auf!“, warnte er. „Du wirst uns verraten.“

„Und wenn schon!“, gab Kim zurück. „Willst du etwa hier versauern?“

„Nein, aber vielleicht finden wir doch noch eine Möglichkeit, hier unentdeckt herauszukommen“, antwortete Leon.

„Unentdeckt?“, höhnte Kim. „Und wer hat dann diese Tür abgesperrt? Der heilige Geist?“

Leon schüttelte den Kopf. „Denk doch mal nach! Der Kerl, der uns hier eingeschlossen hat, ist vermutlich der Täter. Er wird kaum zu seinen Brüdern rennen und sie alarmieren. Denn dann müsste er ihnen erklären, was er selbst mitten in der Nacht in der Krypta gemacht hat."

Kim rieb ihr Kinn. „Klingt nicht blöd", gab sie zu. „Also haben wir noch eine Chance …"

Jetzt mischte sich auch Julian in die Diskussion ein. „Es gibt noch eine weitere Möglichkeit. Der Mönch besorgt sich Pfeil und Bogen und kehrt zurück, um uns zu töten."

Kim wurde blass um die Nasenspitze. „Nein, nein", sagte sie schnell, nahm Kija auf den Arm und drückte sie an sich. Der Katzenkörper war angenehm warm. „Das wird er bestimmt nicht tun. Viel zu riskant, immerhin sind wir zu dritt." Sie warf einen Blick auf das Tier in ihren Armen. „Zu viert, wollte ich natürlich sagen."

Leon teilte ihre Meinung. „Ich vermute, dass der Kerl irgendwie gemerkt hat, dass wir ihn verfolgt haben. Er schlüpfte durch die Tür hinter dem Wandvorhang, lief wieder zum Eingang der Krypta und verschloss ihn."

„Und in ein paar Stunden wird uns jemand hier finden", führte Kim Leons Gedanken weiter. „Dann sind wir geliefert. Denn was haben wir nachts in der Krypta verloren? Garantiert wird Adalung behaupten, dass wir etwas stehlen wollten. Adalung wird uns in den Kerker stecken, falls es hier so etwas überhaupt gibt.

Vielleicht haben wir ja Glück und werden nur aus dem Kloster geworfen."

„So oder so ist Adalung, sollte er der Täter sein, am Ziel. Denn uns ist er los", meinte Julian betrübt. „Und wir werden diesen Fall niemals lösen."

Leon straffte energisch die Schultern. „Wir dürfen nicht so schnell aufgeben", rief er entschlossen. „Wir müssen hier irgendwie herauskommen. Schon öfter haben wir in scheinbar aussichtslosen Situationen den Kopf aus der Schlinge ziehen können."

„Mag ja sein", sagte Kim mutlos. „Aber so aussichtslos wie jetzt war es noch nie. Wir sitzen in einem Grab fest. Hier gibt es noch nicht einmal ein Fenster, das wir aufbrechen könnten. Hier gibt es definitiv gar nichts außer zwei ausgesprochen gut verschlossenen Türen."

Leon schwieg. Er wusste, dass Kim vermutlich Recht hatte. Aber vielleicht gab es in der Krypta noch irgendwo eine Geheimtür oder so etwas. Das Lorscher Kloster schien schließlich voller Überraschungen zu stecken, wie der Geheimgang zum Scriptorium bewiesen hatte.

Also begann Leon, den Raum systematisch abzusuchen. Er klopfte an die Wände, ob sich dahinter womöglich ein Hohlraum verbarg, der auf einen Geheimgang schließen ließ. Er schaute sich sogar die Grabplatten an und versuchte, sie hochzuheben.

„Was machst du denn da?“, fragte Julian mit großen Augen.

„Will mal nachsehen, ob sich darunter etwas verbirgt“, ächzte Leon. Gerade hatte er zwei Finger in die Fuge zwischen Steinboden und Grabplatte geschoben.

„Was sich darunter verbirgt? Das kann ich dir sagen: Die Knochen und der Schädel eines Mönchs!“, rief Julian. „Lass gefälligst die Toten in Ruhe, Leon!“

Leon richtete sich auf. „Schon gut, Julian! Meinst du, mir macht das Spaß? Aber im Gegensatz zu dir unternehme ich wenigstens etwas! Du scheinst dich ja mit unserer bescheidenen Situation abgefunden zu haben.“

„Nein, aber ich wühle nicht in Gräbern herum. Außerdem denke ich nach.“

Leon hob die Hände und grinste spöttisch. „Oh, das ist natürlich etwas anderes. Da will ich dich nicht länger stören. Sag mir nur bitte Bescheid, falls dir etwas Geniales eingefallen ist.“

Julian reagierte nicht. Er beobachtete stattdessen, wie sein Freund sich mit der Grabplatte abmühte. Erleichtert erkannte Julian, dass Leon niemals Erfolg haben würde. Die Platte war viel zu schwer.

Jetzt lief Kija zu Leon und begutachtete sein Tun. Sie legte den Kopf schief, und es sah so aus, als würde nun die Katze scharf nachdenken. Kija miaute. Das klang wie ein Lachen. Dann lief sie auf samtenen Pfoten zu einer Stelle gleich neben dem Wandvorhang. In ihren eleganten Bewegungen lag die übliche Geschmeidigkeit, aber nun war da noch Zielstrebigkeit zu erkennen. Die Katze schien genau zu wissen, was sie wollte. Sie setzte sich hin, drehte den Kopf mit den leicht schräg stehenden Augen zu Kim und miaute erneut, diesmal jedoch fordernd und energisch.

Das Mädchen ging zu ihr und kauerte sich neben sie.

„Was hast du?“, fragte Kim leise.

Als Antwort fuhr Kija die messerscharfen Krallen ihrer rechten Pfote aus und kratzte damit über einen Stein in der Wand. Kim runzelte die Stirn und sah sich den Stein genauer an. Er war etwa so groß wie ein Schuhkarton und wirkte auf den ersten Blick wie die anderen neben ihm.

„Habt ihr etwas entdeckt?“, fragte Julian und kam hinzu. Auch Leon war neugierig geworden. Er hörte auf, sich mit der Grabplatte abzumühen und stellte sich hinter seine Freunde.

„Keine Ahnung“, sagte Kim unschlüssig. „Kija hat mich auf diesen Stein aufmerksam gemacht.“

Sie tastete den Stein ab und drückte dagegen. Plötzlich gab er an der linken Seite nach und ließ sich nach innen schieben. Der Stein drehte sich um eine unsichtbare Achse und ein Loch, kaum größer als eine Faust,

tat sich auf. Überrascht sahen sich die Freunde an. Kim griff mutig in das Loch und tastete dort herum. Plötzlich berührte etwas ihre Haut. Dieses Etwas lebte. Es hatte offenbar eine Vielzahl von Beinen und begann nun seinerseits, den Eindringling zu untersuchen. Anders ausgedrückt: Das Etwas krabbelte enorm flink an Kims Unterarm hinauf.

Mit einem Schrei fuhr Kim zurück. Auf ihrem Arm hockte eine riesige, pelzige Spinne. Angeekelt schüttelte sich das Mädchen. Die Spinne fiel zu Boden. Blitzschnell floh das Tier in eine dunkle Ecke und war verschwunden.

„Soll ich vielleicht mal hineingreifen?“, bot Leon an.

„Nö, lass mal“, erwiderte Kim und unternahm einen weiteren Versuch. Diesmal ertasteten ihre Finger in dem Loch eine Art Griff.

„Da, da ist etwas!“, rief sie aufregt. „Scheint aus Metall zu sein. Mal sehen …“ Kim drehte an dem Griff, aber nichts geschah. Dann zog sie daran … und nun passierte etwas Unglaubliches: Ein Teil der Wand geriet in Bewegung! Kim rutschte auf den Knien nach hinten und zog dabei eine Tür auf.

„Ich fasse es nicht!“, stieß sie hervor. „Eine Geheimtür!“

Das Schwarze Buch

Hinter der Tür war eine Kammer verborgen. Im Schein mehrerer Kerzen erkannten die Freunde Regale mit Büchern – und eine hoch aufgeschossene Gestalt im Mönchsgewand, die sich erschrocken umdrehte!

Es war Adalung, der Kinder und Katze wütend anschaute. In der einen Hand hielt er ein Buch mit einem schwarzen Einband, in der anderen eine Kerze.

„Die Kinder aus der Pilgerherberge! Was habt ihr hier verloren?“, fragte er gefährlich leise und machte einen Schritt auf die Eindringlinge zu.

„Wir sind rein zufällig hier!“, sagte Julian schnell.

Der Abt lachte heiser. „Zufällig? Oh nein, ihr lügt. Das sehe ich euch an. Aber sagt mir: Wie habt ihr hierhergefunden?“

Julian verstummte. Da sprang Kim ein. „Wir haben einen verdächtigen Mönch verfolgt, der sich nach dem Gottesdienst abgesondert hat und in den Schreibsaal lief. Wir schlichen ihm hinterher und gelangten in die Krypta. Dort wurden wir von Euch eingeschlossen.“

„Von mir?“ Adalung sah die Gefährten verwundert an. „Nein, das war ich nicht.“

„Natürlich wart Ihr es!“, rief Kim verärgert. „Weil Ihr nicht wolltet, dass wir Euch dabei ertappen, wie Ihr den Teufelstrank zusammenbraut!“

Der Abt schüttelte den Kopf. „Großer Gott, was redest du für einen Unfug! Genau das Gegenteil ist mein Bestreben, so wahr mir Gott helfe. Ich will verhindern, dass jemand den Trank zusammenmischt. Was glaubst du, warum es diese verborgene Kammer gibt? Sie hat nur einen Zweck: Hier werden gefährliche Bücher verwahrt. Bücher wie dieses!“ Er deutete auf die Schrift in seiner Hand.

„Das Schwarze Buch“, murmelte Kim.

„Richtig!“, rief Adalung und seine Augen glühten. „Das Schwarze Buch. Geschrieben vom Meister der Magier, von Hermes Trismegistos persönlich. Ein Meisterwerk voller Wissen, aber auch voller Gefahren. Ich muss es verstecken, damit es nicht in falsche Hände gerät.“

„Warum habt Ihr es dann nicht vernichtet?“

„Vernichtet? Aber nein! Dafür ist es viel zu wertvoll. Doch hier, in dieser Kammer, ruht es sicher.“

„Ich glaube Euch kein Wort“, sagte Kim. „Ihr wollt die Macht, die dieser Trank verleiht, nur für Euch allein haben!“

Dem Abt schoss die Zornesröte ins Gesicht. „Pass auf, was du sagst! Wenn du so weitermachst, wird die Strafe, die euch ohnehin erwartet, noch viel schwerer ausfallen!“

Kim schwieg vorsichtshalber. Immerhin hatte Adalung wahrscheinlich schon Furrer getötet. Drohte ihnen dasselbe Schicksal?

„Aber warum seid Ihr nachts hier in dieser geheimen Kammer?“, wagte Julian zu fragen.

„Eigentlich geht dich das nichts an“, meinte der Abt von oben herab. „Aber um eure lächerliche Verdächtigung endgültig zu zerstreuen, will ich es dir sagen. Die Zeit zwischen unserem Nachtgottesdienst *Mette* und dem Morgengottesdienst *Laudes* ist kurz. Es lohnt sich kaum, sich hinzulegen. Ich pflege mich in dieser Zeit dem Studium der Schriften zu widmen.“

Julian war nicht überzeugt. Für ihn stand fest, dass Adalung der Täter war. Jetzt musste es ihnen nur gelingen, ihm zu entwischen. Julian überlegte fieberhaft. Sollten sie einfach auf dem Absatz kehrtmachen und weglaufen? Aber da fiel ihm ein, dass der Eingang zur Krypta verschlossen war. Sie saßen in der Falle. Leon riss ihn aus seinen Gedanken.

„Wenn Ihr es tatsächlich nicht wart, der uns eingeschlossen habt, wer war es dann?“, fragte der Junge.

Adalung wollte gerade zu einer Antwort anheben,

als seine Augen schmal wurden. Sie fixierten einen Punkt hinter den Freunden. Langsam drehten sich die Gefährten um. Und was sie jetzt in der Krypta erblickten, ließ ihr Blut gefrieren. Auch Kija schien entsetzt zu sein: Ihr Schwanz peitschte hin und her. Ein weiterer Mönch war aufgetaucht. Sein Gesicht lag im Schatten seiner Kapuze. Der Mann hielt einen Bogen in den Händen, der bis zum Äußersten gespannt war. Die Spitze des Pfeils deutete auf den Kopf des Abtes.

„Gib mir dieses Buch, Adalung!“, sagte der Vermummte und ging auf die Tür zu, die den Geheimraum von der Krypta trennte.

„Niemals!“, rief der Abt. „Und nimm die Kapuze ab. Ich habe dich längst erkannt!“

Auch die Freunde ahnten, wer der Mönch mit dem Bogen war. Diese Stimme kannten sie.

„Mein Gott!“, sagte Kim fassungslos. „Du bist es, Quirinus!“ Plötzlich wurde ihr schwindelig. Ihr war, als habe man ihr ruckartig einen Teppich unter den Füßen fortgezogen. Das war doch nicht möglich! Sollte etwa der freundliche Quirinus hinter den Anschlägen stecken – und nicht der finstere Abt Adalung?

Quirinus lachte auf. „Na gut, ihr habt mich erkannt. Aber was macht das schon?“ Er schob die Kapuze in den Nacken, und das Gesicht mit den engelsgleichen Zügen kam zum Vorschein.

„Leg den Bogen beiseite!“, herrschte der Abt ihn an.

Wieder ein Lachen. „Du kannst mir keine Befehle mehr erteilen, Adalung“, sagte Quirinus kalt. „Gib mir endlich das Buch!“

Die Gefährten erkannten, dass der Abt mit sich rang.

„Was hast du vor?“, fragte Julian, dem es sinnvoll erschien, auf Zeit zu spielen. „Willst du uns auch töten wie Furrer?“

„Mal sehen“, antwortete Quirinus. „Das kommt auf euch an. Wenn ihr spurt, wird euch vielleicht nichts passieren. Ich werde das Buch mit den Beschwörungsformeln an mich nehmen, euch hier einschließen und über alle Berge sein, bis man euch findet und nach mir zu suchen beginnt.“

„Du willst tatsächlich den Teufelstrank zusammenbrauen!“, stieß Adalung entsetzt hervor. „Welch gottloses Unterfangen! Du wirst dem Teufel deine Seele dafür geben müssen!“

„Auch wenn es so sein sollte, Adalung: Ich werde mächtiger sein, als du es je warst“, zischte Quirinus und in seine Augen trat ein merkwürdiger Glanz. „Ich werde über alle und alles herrschen. Alle werden mir untertan sein. Dann bin ich Gott!“

„Pah!“, stieß Adalung aus. „Es gibt nur einen Allmächtigen. Was maßt du dir an, Erdenwurm?“

„Reiz mich nicht!“, brüllte Quirinus. Der Pfeil begann zu zittern.

Julian versuchte die Situation zu entschärfen. „Wie ist es dir gelungen, dem Trank auf die Spur zu kommen?“

„Das war nicht besonders schwer“, gab Quirinus zurück. „Wie du ja weißt, bin ich der Fra Botanicus. Ich kenne mich mit Kräutern gut aus, nicht zuletzt dank der Hilfe des Abtes.“ Er bedachte Adalung mit einem höhnischen Blick. „Und außerdem gibt es in unserer Bibliothek sehr gute Bücher, in denen Rezepte stehen. Dort stieß ich auf das Rezept für den Teufelstrank im Buch von Hermes Trismegistos. Die Zutaten waren nicht besonders schwer aufzutreiben – bis auf eine. Die Alraune fehlte mir. Ein Händler aus Bayern, dieser Furrer, bot mir an, sie für mich zu besorgen. Ich willigte ein. Vor ein paar Tagen kam er hier im Kloster an. Aber er verlangte einen weitaus höheren Preis für die Alraunen, als wir vereinbart hatten.“

„Und da hast du ihn getötet …“, sagte Kim.

„Ja, aber es war kein geplanter Mord“, erwiderte Quirinus. „Wir gerieten in Streit, ich bezeichnete ihn als Betrüger. Da ging er auf mich los. Ich wehrte mich und stach ihn nieder. Dann klopfte es an der Tür und ich musste fliehen.“

„Ja, und die Alraunen hattest du immer noch nicht.“

„So war es“, bestätigte der Mönch. „Ich vermutete, dass sie irgendwo in den Habseligkeiten des Kaufmanns verborgen waren, und durchsuchte diese. Doch ich fand nichts. Dann habt ihr mir geholfen.“ Quirinus sah die Kinder an. „Denn ihr wart in den Besitz der Alraunen gekommen. Als ihr mir die Pflanze zeigtet, tat ich so, als sei sie nichts Besonderes.“

„Dann hast du beschlossen, mich zu überfallen und mir die Alraunen zu stehlen“, sagte Julian.

„Richtig, aber das war gar nicht so einfach“, fuhr Quirinus fort. „Vor allem, als ich von Adalung hörte, dass ihr zum alten Gottfried wolltet, um das Rätsel der euch unbekannten Pflanze zu lösen.“

„Warum habt Ihr uns nicht gesagt, dass es eine Alraune ist?“, wollte Julian vom Abt wissen. „Auch Ihr habt so getan, als ob Ihr diese Pflanze überhaupt nicht kennen würdet.“

Adalung straffte die Schultern. „Ich bin mir nicht so sicher, dass Alraunen magische Kräfte haben. Aber die einfachen Leute glauben das. Und wenn ich euch nun gesagt hätte, was ihr da in den Händen haltet, hätte es große Unruhe in meinem Kloster gegeben. Alle hätten versucht, an das Kraut heranzukommen. Das wollte ich verhindern.“

Quirinus lächelte. „Du hast keine Ahnung, Adalung. Die Alraune hat sehr wohl magische Kräfte. Du hast es nur noch nicht ausprobiert. Das nenne ich Überheblichkeit, wenn nicht sogar Dummheit!“

„Halt deinen Mund!“, schrie der Abt.

„Das werde ich nicht“, entgegnete Quirinus kühl.

„Kommen wir zurück zu Gottfried“, sagte Julian. „Wolltest du ihn töten, weil er uns das Geheimnis der Wurzeln und Blätter verraten wollte?“

Ein Schatten legte sich auf das Gesicht des Mönchs. „So ist es. Ich wollte mit allen Mitteln verhindern, dass ihr hinter das Geheimnis der Alraune kommt. Denn sonst hättet ihr das Kraut noch besser gehütet, als ihr das ohnehin schon getan habt. Aber dann half mir der Zufall weiter. Der Junge dort – Julian heißt du, glaube ich – ging eines Abends allein von der Herberge durch das Handwerkerviertel und lief mir sozusagen über den Weg. Und Julian war allein. So war es für mich ein Leichtes, ihn niederzuschlagen und an die Alraunen zu gelangen.“

„Aber das Schwarze Buch hattest du immer noch nicht“, sagte Julian.

„Exakt“, erwiderte Quirinus. „Ich ahnte, dass es irgendwo im Kloster versteckt sein musste. Tja, und da fiel mir eines Tages die unscheinbare Tür im Scriptorium auf. Stets war sie verschlossen. Und das machte
mich neugierig. Ich stellte fest, dass nur zwei Personen im Kloster einen Schlüssel zu dieser Tür besitzen: Ada-

lung und Clemens, der Bibliothekar. Also überfiel ich Clemens, schlug ihn nieder und machte einen Wachsabdruck von dem Schlüssel. Ein ahnungsloser Schmied war so gefällig, mir einen Nachschlüssel zu fertigen."

„Warum hast du nicht den Originalschlüssel gestohlen?", fragte Adalung.

„Ganz einfach: Wenn der Schlüssel weg gewesen wäre, hätte man sicher das Schloss ausgetauscht oder die Tür irgendwie anders gesichert", erklärte Quirinus.

Der Abt nickte düster.

„Aber wir haben die Wachsspuren entdeckt", rief Leon, „und uns im Scriptorium auf die Lauer gelegt."

Verblüfft sah Quirinus sie an. „Nicht schlecht", gab er zu. „Aber gleich wie: Heute Nacht wollte ich endlich an das Schwarze Buch herankommen. Ihr könnt euch vorstellen, wie überrascht ich war, als ich die Tür unverschlossen vorfand."

„Ich war es, der sie geöffnet hatte", erläuterte der Abt. „Denn ich wollte mich zwischen den Gottesdiensten dem Studium der geheimen Bücher widmen."

Quirinus nickte. „Dann sind die Kinder dir also gefolgt. Und ich kam als Letzter in dieser Nacht zur Krypta. Im letzten Moment erkannte ich die Kinder und die Katze. Da hatte ich eine Idee, wie ich sie loswerden könnte. Ich schloss sie einfach in der Krypta ein. Heute Morgen hätte sie schon jemand gefunden.

Ich beobachtete die Kinder eine Zeit lang durch das Schlüsselloch. Ich hoffte zu erfahren, was sie schon über mich wussten. Tja, und dann kratzte diese seltsame Katze an dem Stein.“

Kija machte einen Buckel. Ihre Haare waren gesträubt.

„Die Kinder öffneten freundlicherweise die Geheimtür. Vermutlich hätte ich sie nie entdeckt!“ Quirinus lächelte, doch seine Gesichtszüge entspannten sich nur für einen Moment, dann wurden sie wieder hart.

„Nun haben wir genug geschwatzt!“, presste Quirinus hervor. „Es ist wirklich an der Zeit, dass sich unsere Wege trennen. Adalung, du wirst mir jetzt endlich das Schwarze Buch geben!“

„Das werde ich nicht“, erwiderte der Abt ruhig.

„Du willst dich mir widersetzen?“, brüllte Quirinus. „Ich werde nicht zögern, auch dich zu töten. Also, gib mir das Buch!“

„Niemals, das Buch darf nicht in deine Hände fallen! Dann musst du mich eben umbringen, Quirinus!“

Die Waffe in Quirinus’ Händen zitterte noch stärker. Der Mönch kniff ein Auge zu und zielte. Die Sehne des Bogens war bis zum Äußersten gespannt.

In diesem Moment hielt Adalung das Schwarze Buch über die Flamme einer Kerze.

„Siehst du, was mit dem Schwarzen Buch passieren

wird?“, sagte er fest. „Es wird verbrennen. Es wird sich in nichts auflösen – genauso wie dein Traum.“

„Hör auf!“, schrie Quirinus. „Ich werde dich töten!“

„Leg die Waffe nieder!“, forderte der Abt.

„Nein, ich bin es, der hier die Befehle gibt!“, gellte Quirinus’ Stimme durch die Krypta. Auf seiner Stirn standen Schweißperlen.

Adalung sagte nichts mehr. Er starrte auf das Schwarze Buch und hielt es noch etwas tiefer über die Kerze. Feiner Qualm stieg von den Seiten auf.

Quirinus heulte auf wie ein verwundetes Tier. „Das darfst du nicht tun, hör auf, das ist mein Buch!“ Er verzog sein Gesicht zu einer Fratze.

Furchtlos blickte der Abt auf Quirinus. *„Fortes fortuna adiuvat“*, murmelte Adalung. Den Mutigen hilft das Glück.

„Du hast es nicht anders gewollt!“, zischte Quirinus und schoss den Pfeil ab. Er bohrte sich in den linken Arm von Adalung. Der Abt taumelte schreiend rückwärts. Dabei ließ er das brennende Buch fallen.

Quirinus warf Pfeil und Bogen zur Seite, war mit einem Satz bei dem Schwarzen Buch und wollte die Flammen mit dem Saum seiner Kakulle ersticken. In dieser Sekunde flog Kija auf ihn zu. Fauchend landete sie im Nacken des Mönchs und biss zu. Quirinus schrie auf und versuchte, die Katze abzuschütteln.

„Los!“, brüllte Leon und kam Kija zu Hilfe. Auch Kim und Julian stürzten sich auf den Mönch. Das Mädchen trat ihm mit voller Wucht vors Schienbein. Julian verpasste ihm einen einwandfreien Kinnhaken, der Quirinus jedoch kaum beeindruckte. Der Mönch streckte Julian mit der Faust nieder und rammte Leon, der von hinten kam, den Ellbogen so vor die Brust, dass dieser kaum noch Luft bekam. Nur Kim konnte Quirinus' Hieben ausweichen. Jetzt griff der Mönch in seinen Nacken und packte die Katze, die erneut zugebissen hatte. Brüllend schleuderte Quirinus sie von sich. Im Flug drehte sich Kija geschickt und landete unverletzt neben dem Abt. Der zog den Pfeil aus seinem Unterarm und ließ ihn achtlos fallen. Sein Gesicht war weiß vor Wut. Er packte ein besonders schweres und reich verziertes Buch aus der Abteilung der verbotenen Literatur, lief auf Quirinus zu, der gerade auf Kim losgehen wollte, und schmetterte es auf den Schädel des Mönches. Quirinus drehte sich einmal um die eigene Achse, dann fiel er um.

„Ich wusste doch, dass dieses Buch wenigstens für etwas zu gebrauchen ist“, sagte Adalung und grinste grimmig. „Es ist ein Werk über den Zauber der Liebe und damit kein Buch für meine Mönche – ebenso wenig wie dieses dort.“ Er warf einen Blick auf das Schwarze Buch. Es war vollständig verkohlt.

„Aus und vorbei“, sagte der Abt. „*Deo gratias*!“

„Was heißt das?“, fragte Leon leise.

„Gott sei Dank“, murmelte Julian.

Adalung sah ihn überrascht an. „Du sprichst Latein, mein Junge? Das überrascht mich. Ihr Kinder und eure Katze scheint mir überhaupt ziemlich außergewöhnlich zu sein …“

„Äh nein, ich spreche kein Latein“, sagte Julian schnell. „Hab nur ein paar Redewendungen aufgeschnappt.“

Damit gab sich der Abt zufrieden. „Nun gut, jedenfalls bin ich euch zu großem Dank verpflichtet. Und deshalb will ich darüber hinwegsehen, dass ihr in meinem Kloster herumgeschlichen seid.“

„Was ist mit Eurem Arm?“, fragte Julian besorgt und bemüht, das Thema zu wechseln.

Adalung schob den Ärmel seiner Kakulle zurück. Die stark blutende Wunde sah schlimm aus. Doch der Abt ließ sich nichts anmerken. „Das wird unser Infirmarius schon wieder hinbekommen. Wichtiger ist, dass der Mörder gestellt worden ist. Und nun untersucht Quirinus. Bestimmt hat er auch das Kräuterbuch mit dem Rezept dieses verfluchten Tranks gestohlen.“

So war es. Leon förderte unter Quirinus’ Kakulle
das Buch zutage.

„Gib es mir bitte“, sagte der Abt. Kaum hielt er es in

den Händen, riss er die Seite mit dem Rezept für den Teufelstrank heraus und verbrannte sie ebenfalls.

„So, nun ist dieses Kräuterbuch so harmlos wie alle anderen“, sagte Adalung zufrieden. „Und jetzt bringt mich bitte ins Ärztehaus und alarmiert meine Mitbrüder, damit sie dieses schwarze Schaf namens Quirinus einsperren.“

Die Versuchung

„Aufstehen, aufwachen!“, rief Wenzel am nächsten Morgen.

Hundemüde hoben die drei Detektive ihre Köpfe von den Säcken. Aber was war mit Wenzel los? Seine Stimme hatte heute Morgen einen ganz anderen Klang. Der Wirt flötete fast.

„Ich habe es schon gehört!“, rief er freudig. „Quirinus war's! Der wollte den Teufelstrank brauen! Hab ich gehört, als ich Eier kaufen war. Ihr seid die großen Helden im Kloster. Kommt, steht auf! Ihr müsst mir alles erzählen.“

Stöhnend ließen sich die Gefährten wieder auf ihre Lager sinken.

„Ach, kommt schon“, bettelte Wenzel und wiegte den Oberkörper hin und her. „Meine Gertrud wird euch ein feines Frühstück bereiten. Dann könnt ihr uns alles erzählen!“

Es wurde ein ganz anderer Vormittag als sonst. Die Freunde waren von allen Arbeiten im Haus befreit und mussten stattdessen in der Herberge immer wieder ihre Geschichte erzählen. Ständig drängten Neugierige in die Schenke und lauschten den Berichten. Kija zog sich auf ihren Platz am Fenster zurück und beobachtete das aufgeregte Treiben um ihre Freunde mit eher mäßigem Interesse.

„Ihr seid richtig gut fürs Geschäft", sagte Wenzel gegen Mittag anerkennend, während er den Gefährten ein kräftiges Mittagessen mit Hühnchen und Schweinefleisch servierte. Er nickte. „Ich habe doch von Anfang an gewusst, dass ihr die Richtigen für meine Herberge seid."

Kim, Julian und Leon sahen sich an und mussten grinsen. Nach der Schlemmerei ließen sie den geschäftstüchtigen Wirt in seiner florierenden Herberge allein und liefen mit Kija zum Ärztehaus. Umgehend durften sie zu Adalung.

Der Abt lag in einer karg möblierten Kammer. Ein Bett, darüber ein Kruzifix, ein Beistelltisch mit einem Wasserkrug und einer Schüssel – das war alles. Adalung lächelte, als er die drei sah.

„Wie geht es Euch?", fragte Kim. Der Abt sah schlecht aus, fand sie – blass und erschöpft. Und mit einem Mal hatte Kim ein schlechtes Gewissen, weil sie ihn verdächtigt hatte.

„Gott hat seine schützende Hand über mich gehalten", erwiderte der Abt. „Die Verletzung ist nicht weiter schlimm. Es ist nur eine Fleischwunde. Aber der Herr hat mich auch gewarnt. Ich habe erkannt, wie gefährlich es ist, mit dem Feuer zu spielen. Jetzt ist mir klar, dass ich das Schwarze Buch und das Rezept für den Teufelstrank niemals in diesem Kloster hätte aufbewahren dürfen. Denn all das, was Macht verleiht, weckt die Gier." Der Abt seufzte. „Aber ich bin sehr, sehr traurig, dass einer meiner Brüder dieser Gier erlegen ist und sogar zum Mörder wurde."

„Was geschieht nun mit Quirinus?"

„Er wird einer gerechten Strafe zugeführt", wich der Abt aus und blickte zum Fenster.

„Danach wird wieder Ruhe einkehren im Kloster", murmelte er. „Lorsch ist ein Ort der inneren Einkehr und des Friedens, aber auch der Forschung in den Bereichen Medizin und Botanik. Dafür sind wir bekannt – und nicht für die Machtbesessenheit, wie wir sie jetzt erleben mussten. Sogar unser Kaiser Karl der Große, dieser kluge Mann, weiß unsere Arbeit sehr zu schätzen. In wenigen Tagen wird er uns die Gunst eines Besuchs erweisen. Bis dahin werde ich wieder gesund sein, so wahr mir Gott helfe." Er richtete sich in seinem Bett auf und griff unter das Kopfkissen. „Ich habe noch etwas für euch", sagte er mit einem geheimnisvollen Lächeln und hielt den Freunden einige Wurzeln hin.

„Die Alraunen!“, rief Julian begeistert.

„Du sagst es. Man hat sie bei Quirinus gefunden und mir gebracht. Ich will sie euch schenken. Möge die Alraune euch beschützen. Aber nun lasst mich noch ein wenig ruhen, die vergangene Nacht war reichlich anstrengend.“

Die Gefährten bedankten sich beim Abt und verabschiedeten sich.

„*Gratia vobis et pax*“, sagte Adalung noch.

Als sie vor der Kammer auf dem Gang standen, meinte Leon: „Komm, Julian, alter Schlaumeier: Was hat Adalung nun wieder auf Latein gesagt?“

Julian errötete ein wenig. „Wenn mich nicht alles täuscht, hieß das so viel wie Gnade und Frieden sei mit euch.“

Leon klopfte seinem Freund auf die Schulter. „Mann, Julian, ohne dich wandelndes Lexikon wären wir echt manchmal ziemlich aufgeschmissen.“

Julian sah ihn von der Seite an. „Meinst du das jetzt wirklich ernst?“

Leon biss sich auf die Unterlippe. „Klar“, sagte er nur.

 Auf den Wegen im Kloster herrschte das übliche Gedränge. Es hatte sogar noch etwas zugenommen, denn die Nachricht, dass der Kaiser mit seinem großen Gefolge bald das Kloster besuchen würde, hatte weitere Pilger und Neugierige angelockt.

Nachdenklich schoben sich die Freunde durch die Menge Richtung Pilgerherberge.

Kim war es, die als Erste das aussprach, was sie alle dachten. „Der Fall ist gelöst“, sagte sie. „Wir sollten nach Siebenthann zurückkehren.“

„Fast schade“, sagte Leon. „Jetzt hätten wir bei Wenzel ein feines Leben.“

„Das wäre kaum von Dauer“, vermutete Kim. „Das Leben wird sich schnell normalisieren, glaube ich. Und was hier normal bedeutet, haben wir ja gesehen: Wir würden in der Herberge ordentlich schuften.“

Julian war stehen geblieben, weil er Kija vermisste. Er sah sich um und entdeckte sie am Stand einer Kräuterfrau. Die Katze schlich um ein bestimmtes Säckchen herum und musste sich einige Verwünschungen der Händlerin anhören.

„In dem Säckchen ist bestimmt Baldrian“, vermutete Julian. „Der hat auf Katzen eine magische Anziehungskraft.“ Er hielt inne und überlegte. „Da fällt mir doch wieder der Teufelstrank ein“, sagte er dann. „Ich hätte zu gerne gewusst, ob der Trank tatsächlich so viel Macht verleiht.“

Kim lachte auf. „Ach was! Das ist doch alles nur Aberglaube!“

Julian lächelte in sich hinein. „Wartet hier einen Moment, ich bin gleich wieder zurück“, bat er und verschwand in dem Gewimmel.

„Was hat er vor?“, wunderte sich Leon.

Kim zuckte mit den Schultern, setzte sich neben den Kräuterstand und hielt ihr Gesicht in die warme Sonne. „Wir werden es gleich wissen“, meinte sie und schloss die Augen.

Zwanzig Minuten später kreuzte Julian wieder auf. Er trug einen Tonkrug bei sich.

„Eine Erfrischung?“, fragte Kim, die gerade mit Kija gespielt hatte. „Gute Idee, ich habe Durst.“

„Langsam“, sagte Julian mit einem listigen Lächeln. „Das ist kein gewöhnliches Getränk.“ Er hockte sich neben seine Freunde und stellte den Tonkrug auf den Boden.

Leon hatte plötzlich einen Verdacht. „Du hast doch nicht etwa den …“

„Doch, habe ich. Das Rezept für den Teufelstrank hatte ich noch im Kopf. Die Wurzeln der Alraune hatte ich ja schon, und es war gar nicht so schwer, die weiteren Zutaten hier bei den Händlern aufzutreiben“, erwiderte Julian. „Willst du einen Schluck nehmen, Kim?“

Das Mädchen runzelte die Stirn. „Nein, lieber nicht“, antwortete Kim langsam.

„Warum nicht?“, fragte Julian. „Du selbst hast doch gesagt, dass das alles nur Aberglaube sei.“

„Ja, schon, aber wir haben ja auch das Schwarze Buch nicht“, sagte Kim etwas lahm. „Und ohne die Beschwörungsformel soll der Trank ja gar nicht wirken.“

„Ein Grund mehr, einfach einen Schluck zu nehmen“, meinte Julian. „Was ist mit dir, Leon?“

Doch auch Leon winkte ab.

„Na gut, dann werde ich es tun“, sagte Julian und griff nach dem Krug.

In diesem Moment sprang Kija heran und stieß den Krug um. Er polterte gegen einen Stein und zerbrach. Eine milchige Flüssigkeit versickerte im Staub.

Entgeistert starrten die Freunde auf die Katze.

„Warum hast du das getan?“, rief Julian.

„Sie wird einen guten Grund gehabt haben“, sagte Kim leise. Sie war ein wenig blass um die Nasenspitze.

„Meinst du etwa, dass der Trank tatsächlich gewirkt hätte?“, wollte Leon wissen.

„Ich meine gar nichts“, sagte Kim schnell. „Ich weiß nur, dass es bei Kija keine Zufälle gibt. Und jetzt will ich nach Hause. Irgendwie habe ich wirklich Lust auf eine Erfrischung. Aber im Eiscafé Venezia!“

„Sehr gute Idee!“, lobte Leon. „So schlecht kann das Wetter in Siebenthann gar nicht sein, als dass mir ein Eisbecher nicht schmecken könnte. Kommt!“ Er sprang

auf. Als er sah, dass Julian zögerte, legte er einen Arm um dessen Schultern und flüsterte in sein Ohr: „Glaub mir, man muss nicht immer alles wissen, Kumpel."

Julian hob die Augenbrauen. „Wissen ist Macht, wie du weißt."

„Eben", erwiderte Leon. „Das hat Quirinus vermutlich auch gedacht. Und deshalb ist es gut, wenn wir jetzt gehen und die Antwort auf deine Frage nicht so genau kennen."

Julian sah seinen Freund an. Dann nickte er.

„Ich glaube, diesmal hast du verdammt Recht. Auf ins Venezia!"

Sorgfältig verschlossen die Freunde die Tür zum Zeit-Raum Tempus. Dann schoben sie mit vereinten Kräften das Regal an seinen alten Platz zurück.

„Absolut perfekte Tarnung", kommentierte Julian mit einem letzten Kontrollblick auf die verschiebbare Bücherwand.

In diesem Moment hustete Leon.

„He, hast du deine Erkältung etwa immer noch?", fragte Kim.

„Was heißt hier immer noch?", erwiderte Leon. „Wir waren doch nur ein paar Sekunden weg."

„Stimmt", gab Kim zu. „Daran kann ich mich einfach nicht gewöhnen."

„Und ich kann mich nicht an dieses Mistwetter gewöhnen. Seht nur, wie es wieder regnet“, beschwerte sich Leon und deutete auf ein großes Fenster, gegen das der Regen prasselte. „Wie schön war doch das Wetter in Lorsch …“

„Nicht nur das“, sagte Julian. „Dort kannte man sich auch gut mit Kräutern aus, die gegen Erkältungen helfen.“

Kim nahm Kija auf den Arm und schaute in ihre grünen Augen. „Nun ja, ganz ahnungslos sind wir ja inzwischen auch nicht mehr“, entgegnete das Mädchen. „Das eine oder andere habe ich mir gemerkt, als wir im Herbarium waren. Salbei-Tee soll doch gut gegen Husten sei, oder? Ich schau mal in der Teeküche nach. Mit etwas Glück finde ich etwas!“

Leon verzog das Gesicht. „Salbei-Tee? Der schmeckt doch total gruselig!“

„Mag sein. Aber er hilft gegen Husten“, rief Kim, die schon auf dem Weg zur kleinen Küche war, die neben dem Büro des Bibliotheksleiters lag.

„Na gut“, gab Leon nach. „Solange du mir keinen Teufelstrank zusammenbraust …“

In der Tür zur Teeküche drehte sich Kim noch einmal um und grinste. „Keine Sorge“, sagte sie. „Mir kannst du doch vertrauen!“

Das Reichskloster Lorsch

Die Geschichte des Klosters Lorsch, in der Nähe von Worms zwischen Rhein und Bergstraße gelegen, beginnt im Jahr 764 nach Christus. Der fränkische Graf Cancor und seine fromme Mutter Williswinda vermachten ihren Hof Lauresham am Ufer der Weschnitz dem Erzbischof Chrodegang, damit dieser dort ein Kloster nach den Regeln des heiligen Benedikt gründen sollte. Chrodegang übertrug diese Aufgabe den Mönchen von Gorze in Lothringen. Die Mönche bauten das ehemalige Herrenhaus des Grafen behelfsmäßig um und ließen sich darin nieder. Chrodegang selbst wurde Abt von Lorsch.

Das Kloster blühte schnell auf, was in erster Linie an den Reliquien des Märtyrers Nazarius aus Rom lag. Am 7. Juli 765 ließ Chrodegang die Gebeine von den Mönchen feierlich nach Lorsch bringen. Damals war der Besitz der Gebeine eines Heiligen die Garantie für den raschen wirtschaftlichen Aufstieg eines Klosters. Viele reiche Bürger schenkten dem Kloster (also dem Heiligen) Besitztümer, um damit etwas für ihr Seelenheil zu tun.

Ein Jahr später übertrug Chrodegang die Leitung des Klosters seinem jüngeren Bruder Gundeland. Dieser war sehr ehrgeizig. Nach wie vor war das Kloster eher ein Behelfsbau. Gundeland wollte eine richtige Abtei errichten. Im Jahr 767 begann der Bau einer Klosterkirche, die bereits 774 ihrer Bestimmung übergeben wurde. Erzbischof Lul von Mainz weihte die Basilika St. Petrus und Paulus im Beisein von König Karl. Er schenkte dem Kloster 900 Quadratkilometer Wald.

Gundelang unternahm einen klugen Schachzug, indem er quasi im Gegenzug das ganze Kloster dem König schenkte. Dadurch genoss Lorsch den persönlichen Schutz des Herrschers und wurde zum Königskloster, was es bis zum Jahr 1232 auch blieb. Außerdem erhielt Lorsch nun noch mehr Schenkungen. Die Gönner begünstigten damit nicht nur den heiligen Nazarius, sondern auch den König. Die Besitztümer von Lorsch reichten bald von der Schweiz bis in die Niederlande.

In den Folgejahren blieb Lorsch eine Baustelle – das Kloster wuchs und wuchs. Unter Abt Helmerich (778–784) erhielt die Basilika einen kostbaren Marmorfußboden, unter Richbod (784–804) wurden Ringmauer, Kreuzgang, Schlafgebäude sowie der Speisesaal errichtet. Abt Adalung (804–837), der ein enger Vertrauter von Karl dem Großen war, ließ die Basilika mit viel Gold und Silber ausstatten.

Lorsch entwickelte sich zu einem Zentrum der Forschung und Bildung und war sehr berühmt für seine Bibliothek, die bereits im Jahr 800 rund 600 Bände umfasste – in der damaligen Zeit ein nahezu unvorstellbarer Schatz.

Das „Lorscher Evangeliar“ gilt heute noch als eine der kostbarsten Handschriften aus der Zeit Karls des Großen. Der „Lorscher Rotulus“ aus dem Jahr 876 ist die älteste erhaltene liturgische Buchrolle des lateinischen Mittelalters. Und das berühmte „Lorscher Arzneibuch“ (ca. 795) mit seinen 150 Seiten ist ein besonderes Beispiel für die enorme Leistungsfähigkeit des Lorscher Scriptoriums.

Ein weiteres wichtiges Jahr für Lorsch war 876. Lorsch wurde Grablege des ersten deutschen Königs und seiner Dynastie. Ludwig der Deutsche (gestorben 876), sein Sohn Ludwig der Jüngere (gestorben 882) und sein Enkel Hugo (gestorben 879) wurden hier bestattet.

Der Niedergang des Klosters begann 1229: Lorsch verlor seine Unabhängigkeit und wurde dem Erzstift Mainz unterstellt. Die *Benediktiner* zogen sich aus Lorsch zurück. Unter ihren Nachfolgern, den Zisterziensern und Prämonstratensern, verlor das Kloster rasch an Bedeutung. 1461 wurde es an die Kurpfalz verpfändet und 1557 im Zuge der Reformation aufgelöst. Der Dreißigjährige Krieg (1618 bis 1648) verwandelte das Kloster in einen Trümmerhaufen. Im Jahr 1621 wurde die Anlage von spanischen Truppen völlig verwüstet und diente viele Jahrzehnte als Steinbruch für die gesamte Region.

1927 wurde mit den ersten Ausgrabungen begonnen. 1935 war die ursprüngliche Königshalle wiederhergestellt. Heute können Besucher einen Rest des Mittelschiffs der Basilika und vor allem die sogenannte Tor- oder Königshalle besichtigen. Dieses einzige vollständig erhaltene Baudenkmal aus der Karolingerzeit zeigt einen Fassadenschmuck und Malereien aus karolingischer, romanischer und gotischer Zeit. Es werden Führungen angeboten – unter anderem durch den Lorscher Kräutergarten. Von den berühmten Schriften aus dem Kloster Lorsch sind rund 300 erhalten geblieben – allerdings sind sie auf der ganzen Welt verteilt. Das „Lorscher Evangeliar“ zum Beispiel befindet sich an drei Orten: in Alba Iulia (Rumänien), in London und im Vatikan.

Glossar

Abt Vorsteher eines Klosters. Das Wort stammt vom hebräischen *Abba* und bedeutet Vater.

Alchemie galt im Mittelalter als „königliche Kunst“. Sie verknüpfte praktische Experimentierkunst mit magischen Vorstellungen und führte zu Erkenntnissen in der Arzneikunde.

Atrium Innenhof eines Hauses

Benediktiner Nach den Regeln des Benedikt von Nursia (geboren um 480, gestorben um 550 n. Chr.) lebender Mönchsorden. Die Benediktiner waren bekannt für ihre große Missionstätigkeit und leisteten zudem viel in den Bereichen Landwirtschaft, Schulwesen, Kunst und Kultur.

Botanicus (lat.) hier eine Art Gärtner im Kloster

Bursar (lat.) Amt im Kloster. Der Bursar war für die Finanzen des Klosters verantwortlich.

Camerarius (lat.) Amt im Kloster. Der Camerarius kümmerte sich um die Küche, die Brauerei und die Bäckerei.

Gurde Pilgerflasche

Herbarium (lat.) Kräutergarten

Infirmarius (lat.) Amt im Kloster. Der Infirmarius war Arzt und der Leiter des Krankenhauses (Infirmarium).

Kakulle Kleidungsstück der Mönche; weites Obergewand mit Kapuze

Krypta (griechisch = verborgen) Raum unter einer Kirche mit Gräbern eines Heiligen oder hoher Würdenträger

Laudes (lat.) das Morgenlob. Gottesdienst zwischen fünf und sechs Uhr morgens.

Liturgie (gr.) Kultfeier, Gottesdienst der christlichen Kirche

Mette Nachtgottesdienst, zwischen 2.30 Uhr und 3 Uhr morgens.

Nazarius römischer Heiliger. Seine Gebeine wurden im Kloster Lorsch aufbewahrt und machten das Kloster zu einer Pilgerstätte.

Nona Gottesdienst, etwa zwischen 14 und 15 Uhr. Siebenmal am Tag, im Abstand von drei bis vier Stunden (auch nachts), kamen die Mönche zum Gebet in der Klosterkirche zusammen.

Pergament Vorläufer des Papiers, hergestellt aus ungegerbten, geschabten und geölten Tierhäuten

Reliquie körperliche Überreste eines Heiligen

Sacratarius (lat.) Amt im Kloster. Der Sacratarius war für die Ausstattung der Kirche und die Schätze in der Sakristei verantwortlich.

Scriptorium (lat.) Schreibraum in einem Kloster. Hier wurden vor allem Bücher kopiert.

Thot altägyptischer Gott (im Griechischen: Hermes Trismegistos)

Tonsur kreisrund ausrasierte Stelle des Kopfhaars als Zeichen der Demut eines Mönches vor Gott

Vestiarius (lat.) Amt im Kloster. Der Vestiarius kümmerte sich um die Kleidung und das Bettzeug seiner Mitbrüder.

Lies mich ...

Leseprobe aus dem Ravensburger Taschenbuch 54350 „Sam Carnabie jagt Professor Murdo“ von John Fardell

Nachdem die Erwachsenen Kaffee getrunken hatten, folgten der Austausch von Telefonnummern sowie jede Menge Küsse und Umarmungen und dann fuhren sie gemeinsam los. An der Hauptstraße trennten sich die Fahrzeuge. Sam winkte seinen Eltern ein letztes Mal und warf einen letzten Blick auf den nun leeren Rücksitz, dann bog der Wagen nach Süden ab, um über die M25 und die M4 nach Reading zu gelangen. Professor Ampersand gab Gas, und der Motor röhrte zufrieden auf, als sie nach Norden in Richtung M1 bretterten.

Ben hatte darauf bestanden, Sam als Erstem den Platz ganz vorne im Seitenwagen zu überlassen und sich einen Notsitz aus einem Werkzeugkasten und einer zusammengelegten Decke zwischen Sam und Zara gebaut.

„Man kann die Sitze drehen“, sagte Ben zu Sam. „Damit man sich besser unterhalten kann. Du musst nur die Knie ein bisschen anziehen, dann hast du genug Platz zum Drehen.“

Sam schwenkte herum und saß nun seinen neuen Gefährten gegenüber.

„Wohnt ihr in London?“, fragte er. „Macht ihr Ferien bei eurem Onkel in Edinburgh?“

„Nein, wir wohnen immer bei Onkel Alexander“, antwortete Zara. „Er hat uns adoptiert, als unsere Eltern bei einem Autounfall umgekommen sind. Ich war zwei und Ben war ein Jahr alt.“

„Oh“, sagte Sam und überlegte, ob er jetzt wohl sagen sollte, dass es ihm leidtat.

„Schon gut“, meinte Ben. „Das ist sehr traurig, aber mit Onkel Alexander haben wir wirklich Glück gehabt.

Außerdem können wir uns kaum noch an damals erinnern.“

Sam merkte, dass sie die Geschichte schon öfter erzählt hatten.

„Onkel Alexander war immer Mums Lieblingsonkel“, sagte Zara.

„Die übrige Familie wollte nicht mehr viel mit Mum zu tun haben, nachdem sie für ihren Beruf nach Tansania gegangen war und dann dort auch noch Dad geheiratet hat“, sagte Ben. „Auch nicht, als sie nach Edinburgh zurückgekehrt sind und uns gekriegt haben.“

„Das ist schlimm“, sagte Sam.

Zara zuckte die Achseln. „Deren Problem. Uns genügt Onkel Alexander. Ist ja auch egal“, wechselte sie das ziemlich ernste Thema. „Wie findest du die Fahrt hier drin?“

„Ich find's cool!", antwortete Sam begeistert.

Tatsächlich hatte ihm noch nie eine Fahrt über Land so gefallen. Ihm gefiel es, wie die Landschaft an der Plexiglashaube vorübersauste, sodass er sich vorkam, als würde er fliegen. Ihm gefielen die begeisterten Blicke der winkenden Autofahrer und ihrer Kinder. Ihm gefiel es sogar, auf der Werkzeugkiste zu sitzen, nachdem sie an einer Raststätte getankt, zu Mittag gegessen und die Plätze getauscht hatten.

Am meisten jedoch gefiel es ihm, mit Ben und Zara zusammen zu sein. Voller Stolz erklärten sie ihm die Erfindungen, mit denen ihr Großonkel Motorrad und Seitenwagen ausgestattet hatte: die Auspuffwärme-Wiederaufbereitungsanlage, die die Scheinwerfer mit Strom versorgte, das Solar-Navigationsgerät, das fast fehlerfrei funktionierte, solange die Sonne schien und man wusste, wie spät es war, sowie die Vorrichtung am Motor, die Benzin sparte, wenn es bergab ging.

„Er will den Antrieb komplett auf Wasserstoff umrüsten", sagte Zara. „Deswegen sind wir nämlich nach London gefahren. Wasserstoff ist viel umweltfreundlicher als Benzin."

Sie überredeten Sam, ihnen das Notizbuch mit seinen Erfindungen zu zeigen, sie zeigten ihm ein paar von ihren eigenen Entwürfen und unterhielten sich über alles Mögliche.

Sogar das Wetter wurde spannender, je weiter sie nach Norden kamen, zumindest abwechslungsreicher – mit stürmischem Märzwind, der ganze Wolkengebirge über einen sich ständig verändernden Himmel jagte. Über die Hügel vor ihnen wanderten matte Sonnenflecken, und ab und zu pladderte ein Regenschauer auf die Plexiglashaube. Richtiges Abenteuerwetter, dachte Sam. Genau richtig für eine Expedition ins Ungewisse.

Als sie schließlich in Edinburgh ankamen, war es schon fast Abend. Die hell angestrahlten Kuppeln und Türme der Stadt ragten majestätisch in den rasch dunkler werdenden Himmel.

Auf der Princes Street bogen sie nach Westen ab und fuhren unterhalb der gewaltigen Burg entlang, die aus dem Felsen, auf dem sie thronte, förmlich herauszuwachsen schien. Sam fragte sich, in was für einem Haus Professor Ampersand, seine Großnichte und sein Großneffe wohl wohnten.

Fünf Minuten später bogen sie in eine kurze Seitenstraße namens Pinkerton Place ein und hielten vor einer Zeile ganz gewöhnlicher Reihenhäuser. Professor Ampersand schlug den Lenker scharf ein und fuhr zu Sams Entsetzen direkt auf eins der beiden Fenster des vorletzten Hauses mit der Nummer 12 zu. Bevor Sam noch Zeit hatte zu schreien, drückte der Professor auf einen Knopf am Scheinwerfer des Motorrads, worauf das ganze Fenster nach oben glitt und in der Mauer verschwand. Gleichzeitig fuhr aus dem niedrigen Fenstersims eine Metallrampe aus, die sich scheppernd über den Bürgersteig bis auf die Straße schob.

Sie waren schon auf der Rampe, da blieb das Fenster mit einem Knall stecken und aus dem oberen Rand des Fensterrahmens sprühten blaue Funken. Mit quietschenden Bremsen brachte der Professor das Fahrzeug zum Stehen. Er sprang aus dem Sattel, rannte die Rampe hinauf, packte den unteren Rand des verkanteten Fensterrahmens und rüttelte kräftig daran. Das Fenster schoss samt dem Professor nach oben und rastete mit einem jähen Ruck ein. Professor Ampersand ließ den Fensterrahmen los, fiel auf die Füße, kippte jedoch nach hinten um, machte eine ziemlich unelegante Rolle rückwärts und rappelte sich vor dem Motorrad wieder hoch.

„Das Fenster bleibt öfter mal stecken“, bemerkte er unbekümmert, während sich der letzte blaue Funke auf seiner glänzenden Glatze spiegelte. „Wahrscheinlich ist das Holz bei dem vielen Regen in letzter Zeit ein bisschen aufgequollen. Halb so wild.“

„Halb so wild! Das nenn’ Sie *halb so wild?* Sie ham fast die halbe Straße unter Strom gesetzt!“

Alle vier drehten sich nach dem hageren Mann mittleren Alters um, der in der Tür des linken Nachbarhauses stand. Seine schütteren, grauen Haare waren mit Pomade streng aus dem rattenhaften Gesicht nach hinten gekämmt.

„’n Abend, Mr Skinner“, grüßte ihn Professor Ampersand mit einem freundlichen Lächeln. „Kein Grund zur Aufregung. Bloß eine kleine technische Fehlfunktion.“

„Ach ja? Die einzige technische Fehlfunktion ist in Ihrem Kopp, Sie bekloppter alter Spinner!“, tobte Mr Skinner. „Sie hätt man schon längst in eins von diesen Heimen wegsperrn solln! Sie sind gemeingefährlich, jawoll, außerdem blockiern Sie den Gehweg, und Sie mindern den Wert von meinem Grund und Boden mit Ihren albernen Maschinen!“ Er spuckte verächtlich auf Motorrad und Seitenwagen, dann spähte er in das Cockpit. Erblickte die Insassen. Erblickte Sam. „Oh nee! Jetzt sagense bloß nich, Sie ham noch so’n kleines Ungeheuer mitgebracht! Sie komm' ja nich mal mit sich selber klar, geschweige denn mit Ihren jugendlichen Kriminellen hier!"

„Mr Skinner, ich glaube, Sie haben Ihre beleidigenden Ansichten hinsichtlich der Kinder schon entschieden zu oft vorgebracht, finden Sie nicht?", sagte der Professor in eisigem Ton.

„Ich ruf sofort wieder das Jugendamt an, verlassen Sie sich drauf!", tobte Mr Skinner. „Das kann ja wohl nich sein, dass so'n verrückter alter Knallkopp wie Sie auch noch für Kinder verantwortlich ist! Ich komm mir ja schon vor, als würd ich neben einem Kinderheim wohnen! Es ist …"

„Einen schönen Abend noch, Mr Skinner", unterbrach ihn Professor Ampersand. „Gehen Sie wieder rein und halten Sie ein Schönheitsschläfchen. Sie hätten es dringend nötig." Damit schwang sich der Professor wieder in den Sattel, ließ den Motor an und übertönte damit Mr Skinners Antwort.

Sie brausten die Rampe hoch und durch das mittlerweile offene Fenster des Hauses Pinkerton Place Nummer 12.

Drinnen war es dunkel, aber Sam sah im Scheinwerferlicht, dass die kurze Rampe zu einer runden Metallplattform etwa einen halben Meter über dem Boden führte.

Der Professor bremste und betätigte einen anderen Knopf auf dem Scheinwerfer. Fast im selben Augenblick drehte sich die Plattform, bis das Vorderrad ihres Gefährts zum Fenster zeigte, durch das sie eben hereingekommen waren. Die Rampe verschwand wieder unter dem Fensterbrett und das Fenster glitt wieder herunter, diesmal ohne stecken zu bleiben.

„Kümmere dich nicht um Mr Skinner", wandte sich Zara an Sam. „Der ist immer so."

Ben klappte die Haube auf und kletterte auf die Plattform. Dann schnippte er zweimal mit den Fingern und plötzlich war alles hell erleuchtet.

Sam stieg ebenfalls aus und schaute sich um. Sah das Haus von außen enttäuschend normal aus, so wurden seine Erwartungen, wie das Haus eines echten Erfinders auszusehen hatte, im Inneren sogar noch übertroffen.

Im Erdgeschoss hatte man sämtliche Zwischenwände entfernt, und in dem so entstandenen großen Raum brannten eine Vielzahl verschiedenster Lichtquellen. Alte Autoscheinwerfer und Eisenbahnlaternen hingen von zwei metallenen Laufgängen herab, die sich über ihren Köpfen an den Seitenwänden entlangzogen. In einer Ecke strahlte ein aus alten Milchflaschen gebastelter Kronleuchter. Mitten im Raum wand sich eine Galaxis aus Lichterketten um einen buschigen grünen Baum, der in einem Loch in der hohen Zimmerdecke verschwand.

„Funktioniert die Beleuchtung über Geräuschaktivierung?“, erkundigte sich Sam bei Ben und schnippte zweimal mit den Fingern, um seine Theorie gleich zu überprüfen.

Zara lachte, als das Zimmer wieder in Dunkelheit versank. „Ben hatte gehofft, er könnte dich beeindrucken“, sagte sie und schnippte das Licht wieder an. „Das probiert er bei allen Besuchern.“

„Es ist echt toll!“, versicherte Sam eilig.

„Diesen Burschen kannst du mit unseren kleinen Tricks nicht so leicht beeindrucken“, meinte Professor Ampersand lächelnd. „Ich sehe schon, du fühlst dich hier bestimmt bald wie zu Hause, Sam.“

Die Kinder holten ihr Gepäck aus dem Beiwagen und stiegen hinter dem Professor von der Plattform herunter. Gleich neben der Motorradzufahrt ging noch ein zweites Fenster zur Straße, auf der anderen Seite war die Haustür. Dort schälte sich jetzt der Professor aus Helm, Brille, Handschuhen und Mantel und stand in einem fleckigen, angesengten und löchrigen roten Pullover da.

„Willst du deine Jacke aufhängen, Sam?“, fragte er.

Sam sah nirgends eine Garderobe, bis Professor Ampersand einen kleinen Hebel an der Wand umlegte, worauf vier an Ketten befestigte Metallhaken von der Decke schwebten.

„Spart Platz", erläuterte der Professor, als ihre Jacken und Mäntel in luftige Höhe entschwanden, bis sie ein ganzes Stück über der Tür baumelten. „Aber jetzt machen wir uns erst mal was zu essen."